IL LINGUAGGIO METAFISICO DEI GEROGLIFICI EGIZI

2024

Il Linguaggio Metafisico Dei Geroglifici Egizi

Moustafa Gadalla

Contenuti

1

L'AUTORE

Moustafa Gadalla è un egittologo egiziano-americano indipendente nato al Cairo, in Egitto, nel 1944. Ha conseguito una laurea in ingegneria civile presso l'Università del Cairo.

Fin dalla prima infanzia, Gadalla persegue con passione le sue radici dell'Antico Egitto, attraverso lo studio e la ricerca continui. Dal 1990 si dedica e concentra tutto il suo tempo alla ricerca e alla scrittura.

Gadalla è l'autore di ventidue libri di fama internazionale pubblicati sui vari aspetti della storia e della civiltà dell'antico Egitto e le sue influenze in tutto il mondo. Inoltre gestisce un centro di risorse multimediali per studi accurati ed educativi dell'Antico Egitto, presentati in modo coinvolgente, pratico e interessante che attrae il grande pubblico.

È stato il fondatore della Tehuti Research Foundation che è stata successivamente incorporata nel multilingue Egyptian Wisdom Center (https://www.egyptianwisdomcenter.org) in più di dieci lingue. Il sito web include anche un'altra attività in corso che include la sua creazione e produzione di progetti di arti performative come 'Isis Rises Operetta', 'Horus The Initiate Operetta'; 'Egyptian Goddesses Operetta'; e alcune altre produzioni a seguire.

PREFAZIONE

Un'immagine vale più di mille parole. Un'immagine rappresenta un concetto/idea e non una singola lettera/suono.

Si usa dire "figurati questo" o "immagina quello" perché le immagini sono rappresentazioni di concetti e idee che vanno al di là delle parole. L'immagine trasmette informazioni in modo più efficiente rispetto alle lettere o alle parole.

Questo libro analizza il linguaggio metafisico delle immagini/figure dei geroglifici egizi, che corrisponde al linguaggio della mente, dell'intelletto, del divino.

Lo scopo di questo libro è fornire un'esposizione che, pur basandosi su una solida erudizione, presenti le questioni in un linguaggio comprensibile ai lettori non specialisti. I termini tecnici sono stati ridotti al minimo.

Questo libro è diviso in 8 capitoli.

Capitolo 1: *La falsità storica della linguistica dell'(Antico) Egitto* chiarisce la confusione tesa a travisare i geroglifici egizi presentandoli come una forma primitiva di scrittura composta da singoli valori fonetici. I geroglifici egizi sono ideogrammi, diversi dal sistema alfabetico egiziano, e non hanno nulla a che vedere con esso.

Capitolo 2: *Le realtà scientifiche/metafisiche delle immagini pittoriche (geroglifici)* spiega come gli esseri umani elaborano le informazioni ricevute dai cinque sensi, trasmesse al cervello attraverso immagini visualizzate; come ogni segno geroglifico possiede significati imitativi e simbolici (figurativi e allegorici); come la scienza moderna sia concorde sui significati multipli di ciascuna immagine; e come una serie di immagini viene elaborata nella coscienza allo stesso modo, come nei sogni.

Capitolo 3: *La rappresentazione dei pensieri con le immagini geroglifiche egizie* spiega come le immagini dei geroglifici egizi rappresentano concetti metafisici;

le relazioni tra le loro funzioni e le loro forme geometriche; e fornisce inoltre una panoramica della formazione egiziana di tali ideogrammi.

Capitolo 4: *Le immagini geroglifiche di animali* spiega il significato metafisico di tali immagini e sottolinea il significato di oltre 30 immagini geroglifiche egiziane correlate.

Capitolo 5: *Le immagini geroglifiche degli esseri umani e degli esseri umani con la testa di animale* spiega il significato metafisico di queste immagini e illustra il significato di circa 10 immagini geroglifiche egiziane correlate.

Capitolo 6: *Le immagini geroglifiche di parti del corpo umano* spiega il significato metafisico di tali immagini e illustra il significato di oltre 10 immagini geroglifiche egiziane correlate.

Capitolo 7: *Le immagini geroglifiche della natura e delle figure geometriche* spiega il significato metafisico di tali immagini e illustra il significato di oltre 10 immagini geroglifiche egiziane correlate.

Capitolo 8: *Le immagini geroglifiche di oggetti creati dall'uomo* spiega il significato metafisico di tali immagini e illustra il significato di circa 20 immagini geroglifiche egiziane correlate.

Moustafa Gadalla

3

STANDARD E TERMINOLOGIA

1. Il termine dell'Antico Egitto *Neter* e la sua forma femminile *Netert* sono stati erroneamente, e forse intenzionalmente, tradotti da quasi tutti gli accademici come dio e dea. I *Neteru* (plurale di *Neter/Netert*) sono i principi e le funzioni divine del Dio Unico Supremo.

2. Uno stesso termine dell'Antico Egitto può essere scritto in vari modi, come nel caso di Amun/Amon/Amen o Pir/Per. Questo accade perché le vocali presenti nelle traduzioni dei testi egizi sono solo approssimazioni di suoni, usate dagli egittologi occidentali per riuscire a pronunciare termini/parole dell'Antico Egitto.

3. Utilizzeremo le parole più note alla maggioranza delle persone di lingua italiana per identificare un *Neter*/una *Netert* [dio, dea], un faraone o una città, seguite da altre "variazioni" delle stesse.

È opportuno segnalare che i veri nomi delle divinità (dei, dee) erano tenuti segreti per proteggere il loro potere cosmico. Ai *Neteru* ci si riferiva con epiteti che descrivevano la natura, le caratteristiche e/o l'aspetto/i specifici dei loro ruoli. Questo vale per tutti i termini comuni come Iside, Osiride, Amon, Ra, Horus ecc.

4. Con riferimento al calendario romano, useremo i seguenti termini:

    p.e.v. – Prima dell'era volgare, nota anche come a.C.

    e.v. – Era volgare, nota anche come d.C.

5 – Non esistono e non sono mai esistiti scritti/testi dell'Antico Egitto classificati dagli egiziani stessi come "religiosi", "funerari", "sacri" ecc. Il mondo accademico occidentale ha attribuito nomi arbitrari ai testi dell'Antico Egitto, come il "Libro di Questo" e il "Libro di Quello", "divisioni", "affermazioni", "magie" ecc. Gli accademici occidentali hanno persino deciso che un certo "Libro" aveva una "versione tebana" o una "versione di questo o quel periodo".

Dopo aver creduto alle sue stesse invenzioni, il mondo accademico ha accusato gli antichi Egizi di commettere errori e di perdere parti dei loro testi?!

Per facilità di consultazione, faremo riferimento alla diffusa ma arbitraria categorizzazione dei testi dell'Antico Egitto stabilita dal mondo accademico occidentale, sebbene essa non sia mai stata utilizzata dagli antichi Egizi.

MAPPA DELL'EGITTO

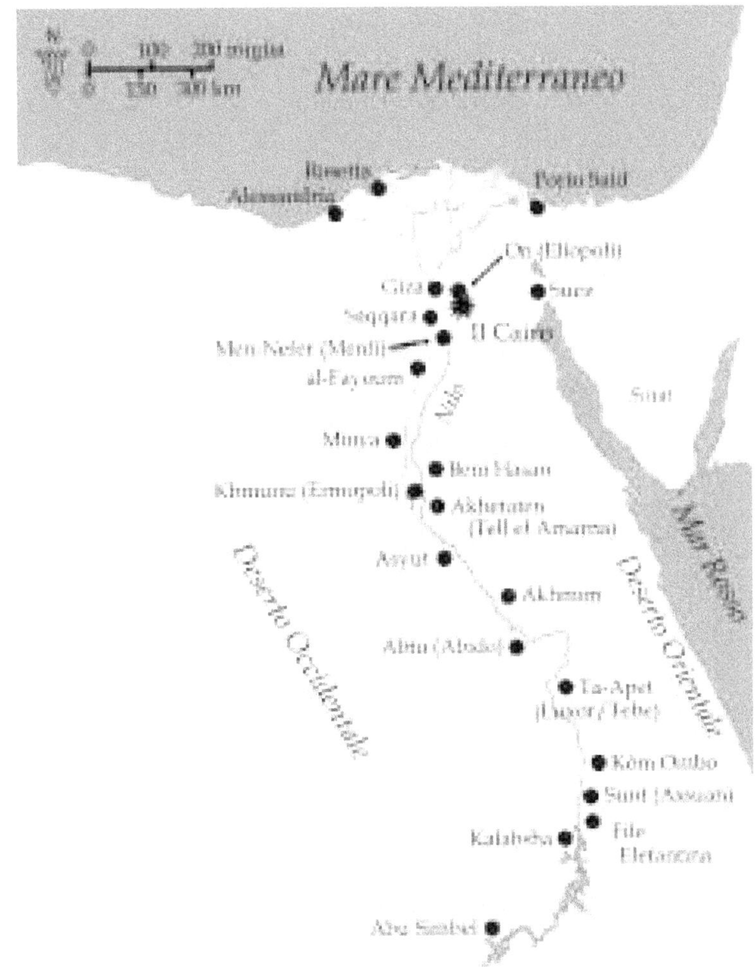

CAPITOLO 1 : LA FALSITÀ STORICA DELLA LINGUISTICA DELL'(ANTICO) EGITTO

1.1 LE MODALITÀ DI SCRITTURA PER IMMAGINI E ALFABETICA

Tutti i primi scrittori greci e romani affermarono che esistevano fondamentalmente due forme di scrittura nell'Antico Egitto: i geroglifici (immagini pittoriche) e la forma alfabetica. Gli accademici occidentali dividono arbitrariamente il genere di scrittura alfabetica dell'Antico Egitto in due forme: ieratica e demotica. [Per una valutazione sull'infondatezza di tali asserzioni si legga *Ancient Egyptian Universal Modes* di Moustafa Gadalla.]

Bisogna sottolineare che nessuno scrittore classico, incluso Clemente Alessandrino (nel V Libro degli *Stromata*, capitolo IV), asserì mai che la forma di scrittura alfabetica egiziana era una forma "corsiva" o "degenerata" dei geroglifici dell'Antico Egitto. Eppure alcuni "studiosi" hanno spudoratamente chiamato in causa gli scritti di Clemente Alessandrino insistendo sul fatto che dai geroglifici scaturì una scrittura più corsiva, a noi nota come *ieratica*, e che da questa derivò una scrittura molto rapida a volte chiamata *encoriale* o *demotica*.

Molti studiosi onesti, tuttavia, confermarono la verità storica che i segni figurativi sono una serie di immagini che trasmettono significati concettuali e non singoli valori fonetici, come l'egittologo britannico W.M. Flinders Petrie, che nel suo libro *The Formation of the Alphabets* [pag. 6], scrisse:

> *"La questione se i segni [alfabetici] siano derivati dai più pittorici geroglifici, o siano un sistema indipendente, è stata così poco considerata da chi ha scritto sull'argomento, che la cosa è stata decisa più di una volta senza alcuna considerazione dei vari relativi dettagli".*

Durante la XII dinastia (2000-1780 p.e.v.) venivano utilizzati, più o meno regolarmente, circa 700 segni. Nella pratica questi simboli naturali sono in numero illimitato. Dal momento che decifrare i geroglifici metafisici dell'Antico Egitto va oltre le capacità del mondo accademico occidentale, essi li hanno soprannominati una forma di scrittura *primitiva*!

Gli egittologi cattedratici hanno educatamente scelto ventiquattro simboli tra centinaia di geroglifici, definendoli un "*alfabeto*". Hanno poi attribuito ai segni rimanenti varie "funzioni", chiamandoli "sillabici", "determinativi" ecc. Si sono creati le regole lungo il percorso, e il risultato finale è un caos. Si può facilmente notare lo sforzo del mondo accademico per comprendere i testi geroglifici (metafisici) dell'Antico Egitto.

Un segno pittorico non ha ALCUN valore fonetico PARTICOLARE. Solo una singola lettera alfabetica ha uno specifico suono corrispondente – ed era il caso della lingua alfabetica degli antichi Egizi, TOTALMENTE non correlata, nota come scritture "ieratica" e "demotica" – una forma molto distinta e autonoma che non ha nulla a che vedere con la forma geroglifica egiziana delle comunicazioni cosmiche. Per maggiori informazioni sulla lingua alfabetica degli antichi Egizi si veda *The Ancient Egyptian Universal Writing Modes* di Moustafa Gadalla.

Il linguaggio metafisico dei geroglifici egizi è coerente con il fatto che, in effetti, ci sono cose che non possono essere tradotte in parole. Si manifestano da sole. Esse sono ciò che è mistico. Confrontate con queste "cose" mistiche, la realtà che permette il discorso e le parole sono condannati a soffermarsi solo sulle apparenze. La realtà – che si tratti di forme logiche o forme di vita – rimane ostinatamente un discorso estrinseco. Essa limita ciò che diciamo, rifiutando di essere pronunciata. A meno che non ammettiamo l'esistenza di una realtà trascendente al di fuori della lingua parlata, diventiamo dei solipsisti senza un fondamento per parlare. Quindi, l'atto di parlare dipende dal silenzio. Possiamo parlare tra di noi solo relegando i motivi del nostro parlare in un rispettoso silenzio.

1.2 I CARATTERI PITTORICI UNIVERSALI

I segni sono ovunque intorno a noi. Le frecce ci dicono dove andare o guardare. Le virgole e i punti ci indicano quando fare una pausa durante la lettura. In matematica, i segni ci dicono di aggiungere o sottrarre o dividere. I segnali stradali aiutano i conducenti a guidare con prudenza e i pedoni ad attraversare la strada in modo sicuro.

Nessuno di questi segni si basa sulle parole. Sono tutti comprensibili da persone che parlano lingue diverse, se ne hanno appreso il significato.

In effetti, ogni branca della conoscenza scientifica ha i suoi segni per comunicare la sua particolare tipologia di informazioni. Sarebbe impossibile per tutti comprendere tutti i segni in ogni scienza. E non ne abbiamo nemmeno bisogno.

Per definizione, un simbolo non è ciò che rappresenta, ma quello per cui si pone, ciò che suggerisce. Un simbolo svela alla mente una realtà diversa da quello che è. Le parole trasmettono informazioni; i simboli evocano visioni.

I simboli sono il linguaggio non parlato e, analogamente, i geroglifici egizi non rappresentano lettere o parole, ma idee e concetti.

1.3 LE IMMAGINI/SCRITTURE PITTORICHE METAFISICHE EGIZIANE

I segni pittorici degli antichi Egizi sono comunemente chiamati "geroglifici", e comprendono un numero considerevole di simboli pittorici. La parola geroglifico significa "segno sacro" (da *hieros* = sacro, *glyphein* = incidere). La scrittura geroglifica era in uso nei templi egizi fino al 400 e.v. circa.

Ogni immagine pittorica vale più di mille parole e rappresenta tale funzione o principio contemporaneamente su tutti i livelli, dalla sua più semplice manifestazione fisica a quella più astratta e metafisica. Questo linguaggio simbolico rappresenta un grande numero di concetti fisici, fisiologici, psicologici e spirituali nei simboli presentati.

Il concetto metaforico e simbolico dei geroglifici egizi è stato unanimemente riconosciuto da tutti i primi scrittori che hanno parlato di questo argomento, come Plutarco, Diodoro, Clemente Alessandrino ecc.

- Nel suo trattato su Iside e Osiride, che è una delle fonti più illuminanti per comprendere i concetti religiosi egiziani, Plutarco menziona ripetutamente i geroglifici e il loro significato metaforico e allegorico. Nel V Volume dei *Moralia*, Plutarco afferma:

"Il neonato è simbolo della nascita, il vecchio della morte, lo sparviero rappresenta il dio, il pesce rappresenta l'odio e l'ippopotamo l'empietà".

Plutarco, come TUTTI gli scrittori classici della sua epoca, sottolineò che l'intento metafisico era l'unico principio della scrittura geroglifica, che è un'espressione in immagini delle idee divine e della sacra conoscenza.

Plutarco elencò un considerevole numero di illustri greci che visitarono l'Egitto in tempi diversi. Tra questi citò Pitagora, la cui ammirazione e dipendenza dagli "insegnamenti simbolici e occulti degli Egizi" sono enfatizzati e illustrati da un confronto tra il metodo allegorico utilizzato nei cosiddetti precetti pitagorici e *"gli scritti chiamati geroglifici".*

- Cheremone visse ad Alessandria prima di stabilirsi a Roma, dove fu tutore di Nerone a partire dal 49 e.v. Nei suoi libri, Cheremone descrisse 19 segni geroglifici, ciascuno seguito da una spiegazione del suo significato allegorico.
- Diodoro Siculo, nel suo *Libro I*, affermò:

"il loro – degli Egiziani – modo di scrivere non esprime l'idea che ha di mira con una combinazione di sillabe, collegando questa a quella, ma per mezzo dell'aspetto esteriore di ciò che viene imitato, e del significato metaforico impresso nella memoria dalla pratica. Ad esempio disegnano l'immagine di un falco, un coccodrillo… e simili. Così il falco rappresenta tutto ciò che accade rapidamente, perché è la più veloce delle creature alate. L'idea è poi trasferita, per mezzo di metafore adatte, alle cose veloci e a quelle a cui si addice l'idea della velocità, come se fossero state nominate in tal modo. E il coccodrillo è simbolo di tutto ciò che è malvagio".

- Clemente Alessandrino, nel 200 e.v. circa, fornì un resoconto sui geroglifici. Allo stesso tempo menziona in modo esplicito le caratteristiche metaforiche e allegoriche dei geroglifici, e presenta i suoi esempi nello stesso modo simbolico degli autori che lo hanno preceduto.
- La migliore descrizione la fa Plotino, che nelle *Enneadi* [Vol. V-VI] scrisse: *"I saggi d'Egitto abbiano compreso tutto questo o per scienza diretta o per intuizione innata: essi, quando volevano rivelare la loro sapienza, non si servivano dei segni delle lettere, che designano parole e proposizioni ma non corrispondono alla pronuncia e al significato delle cose dette, ma disegnavano figure, ciascuna delle quali significava una singola cosa, e ne decoravano i templi per dimostrare che il procedimento discorsivo non*

appartiene al mondo di lassù, in quanto ciascun individuo è anche una scienza e ciascuna figura sapienza, soggetto e sintesi, e non un pensiero discorsivo né un progetto. Più tardi da questa scienza così sintetica derivò un'immagine che è tutta dispiegata in altra cosa e si esprime nel processo discorsivo e scopre le cause da cui una cosa deriva, sicché ci si meraviglia di una cosa tanto bella. Quando qualcuno sa, non può non dire di ammirare la sapienza, cioè come essa, pur non possedendo le cause, per le quali tutto è così com'è, le elargisce alle cose prodotte sul suo modello".

I geroglifici egizi possono sembrare un fardello superfluo che i sacerdoti egizi hanno "inventato" per custodire dei segreti all'oscuro di altre persone. Il fatto è che queste percezioni sono lontane dalla realtà, sotto ogni aspetto. Le spiegazioni dimostreranno che il concetto di immagini pittoriche nei geroglifici egizi è il comune denominatore tra tutti gli esseri umani, ovunque, e le forze divine dell'universo.

CAPITOLO 2 : LE REALTÀ SCIENTIFICHE/ METAFISICHE DELLE IMMAGINI PITTORICHE

2.1 IMMAGINI: LA LINGUA DELLA MENTE/DELLA CONSAPEVOLEZZA/DEL DIVINO

Noi esseri umani diciamo:

- **FIGURATI** questo.

- Riesci a **IMMAGINARE**…?

- Lo **VEDI** cosa intendo?

L'utilizzo di parole come FIGURATI-IMMAGINA-VEDI cosa intendo riflettono profondamente il modo in cui le nostre menti elaborano le informazioni che ci arrivano attraverso i nostri sensi. Elaboriamo TUTTE le informazioni in arrivo tramite IMMAGINI.

La comunicazione linguistica è la trasmissione di idee o concetti intangibili da una persona (oratore o scrittore) a un'altra (ascoltatore o uditore) attraverso indicazioni materiali come segni su carta o vibrazioni delle onde d'aria.

Leggendo un testo, intraprendiamo un processo di visione in cui i segni materiali vengono tradotti in concetti nel nostro cervello.

L'interpretazione tradizionale della comunicazione pretende di trattare il segno materiale come mera apparenza di una realtà ideale sottostante.

Quando la comunicazione viene interpretata in questo modo, l'interazione dei segni non è considerata come una realtà a sé. Al contrario, si considera il segno come il significante, l'indicatore o l'aspetto di una realtà essenziale significata che sta alla sua base. Questa realtà è il contenuto concettuale che è in qualche modo conservato nel cervello della persona che comunica.

Questo pensiero apparentemente moderno non era noto solo agli antichi Egizi, come si evince dal testo della *Pietra di Shabaka,* che risale solo al 700 p.e.v., ma fonti linguistiche, filologiche e di altro genere stabiliscono che esso deriva da un testo originale antecedente di almeno 2.000 anni. La sezione 55 di questo documento egiziano recita:

"Ciò che vedono gli occhi, sentono le orecchie e annusa il naso, fan salire al cuore. Ed esso fa che esca ogni conoscenza. Ed è la lingua che ripete quel che ha pensato il cuore. Venne in esistenza ogni parola divina per mezzo di quel che il cuore aveva pensato e che la lingua aveva ordinato".

Il *cuore* nell'Antico Egitto simboleggia la consapevolezza. Quindi, le informazioni canalizzate dai cinque poteri dei sensi vengono trasmesse alla facoltà dell'immaginazione la cui dimora fisica si trova nel lobo frontale del cervello.

I dati raccolti dai cinque sensi – questa conoscenza intima ricevuta – sono unificati dall'immaginazione. Il processo di "unione" dell'immaginazione non segue il percorso della ragione e della logica. La mente accumula dati percettivi e dà loro un "significato". A sua volta, l'immaginazione li unifica in modo simile, non logico.

L'immaginazione si sposta da una cosa all'altra. Date molte cose di natura quasi totalmente diversa, ma caratterizzate da una millesima parte di qualità in comune (sempre che sia nuova o distinta), esse appartengono a una categoria immaginativa e non a una serie naturale grezza – cioè, non a una raccolta di dati a cui si arriva con una semplice copia. La lingua ha aperto le porte a un nuovo regno di spiritualità dove concetti, ricordi e deduzioni sono diventati di importanza fondamentale, in contrasto con l'attività psichica inferiore, che riguardava le percezioni immediate degli organi di senso. Questa fu certamente una delle tappe più significative dell'evoluzione umana.

Pertanto, le vere immagini rappresentative nella mente/consapevolezza sono le vere realtà dell'universo. Occorre quindi concludere che esiste una corrispondenza completa tra la consapevolezza e il mondo. È la consapevolezza trascendentalista che dà origine al paradiso terreno, di nuovo con la caratteristica aggiuntiva, necessaria per preservarne lo stato celeste, che i suoi occupanti sappiano di essere là. Più precisamente, che siano certi della corrispondenza di una consapevolezza con un'altra, di ogni possibile consapevolezza, e quindi del mondo.

2.2 LA VALIDITÀ DEI TRE RUOLI DI OGNI IMMAGINE GEROGLIFICA EGIZIANA

Gli *Hieroglyphica di Orapollo* costituiscono l'unica vera trattazione sui geroglifici tramandata dall'antichità classica. L'opera è composta da due libri, uno contenente 70 capitoli, l'altro 119, ciascuno incentrato su un particolare geroglifico.

Secondo Orapollo, le relazioni tra segno e significato erano sempre di natura allegorica, ed erano sempre sancite da ragionamenti "filosofici".

Di conseguenza, ogni geroglifico egizio ha una breve intestazione che descrive il geroglifico stesso in termini semplici (come per esempio "la spiegazione dell'immagine di un falco"), oppure che indica la natura del soggetto allegorico da spiegare, per esempio "come significare l'eternità", o "come significare l'universo".

Anche Clemente Alessandrino, nel quarto capitolo del quinto libro degli *Stromata*, ci parla dei due principali ruoli (letterale e simbolico) dei geroglifici egizi, e di come il secondo (**simbolico**) contenga due ruoli: quello **figurativo** e quello **allegorico [mistico]**:

> *"I geroglifici egizi, di cui una specie si fa dei primi elementi ed usa i vocaboli in senso proprio, l'altra in senso simbolico.*
>
> *Della scrittura simbolica, una specie riproduce i concetti per imitazione; un'altra secondo rappresentazione figurata; e un'altra si esprime allegoricamente sotto forma di enigmi".*

[I] Per quanto riguarda il primo ruolo/soggetto – letteralmente, *per imitazione* –, nel quarto capitolo del quinto libro degli *Stromata*, Clemente continua:

> *"Se vogliono scrivere sole, fanno un cerchio; se invece luna, una figura di crescente lunare, secondo la sembianza del concetto che intendono esprimere".*

[II] Sul secondo ruolo/soggetto, **rappresentazione figurata**, nel quarto capitolo del quinto libro degli *Stromata*, Clemente prosegue:

> *"Effigiano poi allegoricamente mercè trasposizioni e sostituzioni basate sull'affinità, altre parole invece cambiando, altre trasformando in molte guise".*

[III] Sul terzo ruolo/soggetto, **allegorico**, nel quarto capitolo del quinto libro degli *Stromata*, Clemente continua dicendo:

> *"Valga poi questo come esempio della terza specie mediante enigmi. Assimilavano gli astri a corpi di serpenti per il loro percorso obliquo, il sole invece a quello d'uno scarabeo, in quanto che, dopo aver foggiato una palla di sterco bovino, la rotola verso il suo viso. Dicono ancora di quest'animale che viva sei mesi sotto terra e l'altra metà dell'anno alla superficie e che generi proiettando il suo seme nella palla, e che non esista la femmina dello scarabeo".*

Clemente, come TUTTI gli scrittori classici dell'antichità, asseriva che i geroglifici egizi rappresentavano immagini vere della legge divina. Le relazioni tra segno e significato erano sempre di natura allegorica, ed erano sempre sancite da ragionamenti "filosofici".

Riassumendo, la scrittura simbolica degli Egizi tramite geroglifici si divide fondamentalmente in tre ruoli:

1) Imitativo (un oggetto rappresenta se stesso).

2) Figurativo (un oggetto ne rappresenta uno con le sue qualità); e

3) Allegorico (un oggetto è collegato tramite processi enigmatici concettuali).

Infatti, queste categorie descrivono i rapporti tra le forme visive e il loro significato. Una forma visiva può essere di tipo mimetico o imitativo, se copia direttamente le caratteristiche dell'oggetto che rappresenta; può essere associativa, se suggerisce attributi che non sono presenti visivamente, come proprietà astratte impossibili da rappresentare in modo letterale; e infine può essere simbolica, ovvero acquista significato solo quando viene decodificata in base a convenzioni o sistemi di conoscenza che, pur non essendo intrinsecamente visivi, vengono comunicati attraverso mezzi di questo tipo.

Ogni particolare geroglifico può essere esplicato da

– un significato ovvio/diretto del segno, oppure

– ciascun uso specifico nei diversi contesti.

Le regole che governano la concezione di allegorie e simboli, con le loro sottili distinzioni tra confronti ciriologici, tropologici, metaforici, anaglifici ed enigmatici, hanno reso possibili tali interpretazioni simboliche.

Tali esplicitazioni dei geroglifici combinano l'intera conoscenza religiosa, filosofica e scientifica in una visione complessiva di una cosmologia vivente.

Tutti gli antichi scrittori dell'antichità concordano su questo punto, come il filosofo neoplatonico Giamblico, che nei suoi *De Mysteriis Aegyptiorum (I misteri egiziani)* scrisse: *"I simboli geroglifici egiziani non furono scritti per convenzione o in modo sconsiderato, ma con grande ingegno, a imitazione della Natura. Vari autori ebraici e arabi concordano. Non contengono 'storie o elogi' di re, ma i più sublimi misteri della Divinità"*.

Gli aspetti a tre livelli delle immagini geroglifiche egizie sono coerenti con il pensiero generale egiziano della consapevolezza trascendentalista – la corrispondenza tra due consapevolezze – quindi con qualsiasi altra possibile consapevolezza; e quindi con il mondo. Nei testi egiziani non vi è alcuna distinzione artificiale tra "sacro" e "mondano".

Ciò è la base della "teoria delle corrispondenze", e anzi di tutto il simbolismo tradizionale, nel quale un vero simbolo è intriso di un po' del potere del suo modello originale. Contrariamente alla visione antropologica che concepisce l'origine dei simboli come mere similitudini, questa dottrina li considera realtà primarie la cui effettiva relazione è percepita dall'intelletto superiore dell'uomo.

Ci deve essere qualcosa di identico in un'immagine e in ciò che rappresenta: un'identità della "struttura latente".

L'ideogramma è un modo accurato di rappresentare la realtà. L'interpretazione tradizionale della comunicazione pretende di trattare il segno materiale come pura apparenza di una realtà ideale sottostante.

Rappresentare qualcosa non equivale a copiare la natura; la scrittura ideogrammica è imitativa solo nel senso che essa tenta di attuare processi naturali.

La differenza tra le immagini e il mondo è che il mondo è "la somma totale della realtà", mentre un'immagine "rappresenta solo una situazione nello spazio logico".

Gli ideogrammi possono essere definiti come immagini destinate a rappresentare sia cose che pensieri. Esistono due tipi di ideogrammi:

1) Immagini o rappresentazioni reali di oggetti;

2) Simboli pittorici, utilizzati per indicare idee astratte.

2.3 IL PROCESSO INTERPRETATIVO DELLE SEQUENZE DI IMMAGINI NELLA CONSAPEVOLEZZA

1. Interpretazione di sequenze ideogrammiche

Clemente Alessandrino, nei suoi *Stromata*, V Libro, capitolo VII, fornisce un esempio di ciò che trasmette una serie di immagini/ideogrammi geroglifici egiziani:

"Inoltre, a Diospoli d'Egitto, sopra il cosiddetto tempio Pilone, è effigiato un bambino simbolo della nascita, e un vecchio – questo è il simbolo della morte, poi lo sparviero, nell'altra mano, simbolo del dio, e il pesce, dell'odio; e ancora il coccodrillo, simbolo d'impudenza, questa volta secondo altro significato. L'intero simbolo dunque, ricomposto nei suoi elementi, appare rivelatore di questo motto: 'O voi che nascete e che morite, Dio odia l'impudenza'".

I.J. Gelb, nel suo libro *A Study of Writing: The Foundation of Grammatology* (*Teoria generale e storia della scrittura: fondamenti della grammatologia*), a pagina 36, spiegò questa forma pittorica di scrittura:

"Esprimendo le idee discusse qui, dobbiamo ancora una volta portare l'attenzione ai loro scopi e al modo in cui li realizzano.

Gli esempi sopra citati servono a comunicare le idee dell'uomo mediante immagini, ognuna delle quali separatamente, o nel loro insieme, suggerisce un significato. Per questo motivo, questa fase della scrittura è stata talvolta chiamata 'scrittura del pensiero', 'scrittura rappresentativa', o 'scrittura dei contenuti'.

L'immagine, o una sequenza di immagini, rivela all'occhio ciò che l'occhio vede in modo simile a quello raggiunto dall'immagine nata dall'impulso artistico-estetico. In effetti, ci sono differenze tra l'esecuzione schematica di immagini che devono comunicare un'idea e quella delle immagini fatte per ragioni artistiche, ma la loro somiglianza complessiva supera di gran lunga queste differenze. Questa fase dei precursori della scrittura potrebbe quindi essere chiamata fase "descrittiva" o "figurativa", per usare termini che vanno nella direzione di questa stretta connessione delle tecniche di espressione scritturale e artistica".

Laszlo Gefin, nel suo libro *Ideogram: History of Poetic Method*, pagine 16-17, condivide l'intenzione egiziana di una forma di scrittura basata su immagini/ideogrammi:

"Il flusso del pensiero segue un modello naturale anziché un modello puramente arbitrario. Il pensiero è successivo, perché successive sono le attività della natura. Il trasferimento di forza da un agente a un oggetto, ciò che costituisce i fenomeni naturali, richiede tempo.

Questo gruppo di simboli è "vivo", come "un'immagine in costante movimento".

Le immagini non rappresentano cose ma azioni e processi.

Due cose sommate insieme non producono una terza cosa, ma indicano una relazione fondamentale tra loro.Ci offrono "immagini vivide in forma breve di azioni e processi in natura".

Questi simboli non rappresentano solo immagini naturali, ma pensieri elevati, suggerimenti spirituali e relazioni oscure. L'idea di "struttura latente" dietro lo schema delle cose è così formulata: "La maggior parte della verità naturale è nascosta in processi troppo minuti per vederli e in armonie troppo grandi, in vibrazioni, coesioni, e affinità.

La parte più vasta e più importante della verità naturale è nascosta all'occhio fisico, tuttavia non è meno reale. Essa è celata sia in processi troppo piccoli per la vista, che in armonie troppo grandi; in vibrazioni, coesioni, e affinità; in ordini, analogie, proporzioni, affetti e carattere. Virtù, religione, bellezza, legge, servizi sociali, legami familiari, responsabilità politiche, tutto ciò mostra livelli immateriali del vero essere, in cui sono realizzati i principali valori poetici del mondo".

Le sequenze di ideogrammi mettono in risalto la "visuale cinematica" e la formazione paratattica delle linee nelle raffigurazioni egiziane per non perdere la naturale attualità di "cose in movimento, e movimento nelle cose". Le successioni di immagini geroglifiche egiziane non costituiscono uno sviluppo lineare (come causa ed effetto). Al contrario, gli oggetti coesistono, come in un dipinto, ma il punto di vista mobile ha permesso di temporeggiare le unità spaziali. Le relazioni immateriali sono rappresentate giustapponendo dei dati concreti pertinenti in modo suggestivo. Questa simultaneità delle unità percettive e delle loro azioni in un tutto funzionale rappresenta l'essenza degli ideogrammi egiziani.

2. Interpretazione di sequenze ideogrammiche nei sogni

Come affermato in precedenza, le facoltà attraverso le quali il corpo percepisce la conoscenza sono tutte collegate al cervello. L'immaginazione rappresenta la loro parte attiva. Ricava immagini astratte dalle immagini percepite dai sensi e le trasmette al potere della memoria, che le trattiene finché non sono necessarie in relazione alla speculazione e alla deduzione.

Dalle immagini astratte, l'anima estrae anche altre immagini spirituali e intellettuali. In questo modo, l'astrazione ascende dalle cose sensibili a quelle intelligibili. L'immaginazione funge da intermediario. Inoltre, quando l'anima ha ricevuto un certo numero di percezioni dal proprio mondo, le trasmette all'immaginazione, che le trasforma in immagini appropriate e consegna queste percezioni al senso comune. Di conseguenza, chi sogna le vede come se fossero percepite dai sensi. Le percezioni discendono quindi dallo spirito razionale al livello della percezione sensoriale, con il ruolo di intermediario svolto ancora dall'immaginazione. Questa è la vera natura delle visioni nei sogni. La consapevolezza stessa è un sogno.

La precedente spiegazione indica la differenza tra visioni oniriche, reali, e "sogni confusi", falsi. Tutte sono raffigurazioni dell'immaginazione durante il sonno. Tuttavia, se queste immagini discendono dallo spirito razionale che le percepisce, esse sono visioni oniriche. Ma se derivano dalle immagini conservate dal potere della memoria, dove l'immaginazione le deposita quando l'individuo è sveglio, allora si tratta di "sogni confusi".

Per quanto riguarda l'interpretazione dei sogni, è opportuno conoscere quanto segue. La mente razionale ha le sue percezioni e le trasmette all'immaginazione. L'immaginazione quindi le trasforma in immagini, ma solo in immagini legate in qualche modo all'idea percepita. Ad esempio, se viene percepita l'idea di un potente sovrano, l'immaginazione la raffigura sotto forma di oceano. Oppure l'idea di ostilità viene rappresentata dall'immaginazione in forma di serpente. Una persona si sveglia e l'unica cosa che sa, è di aver visto un oceano o un serpente. Quindi l'interprete del sogno, certo che l'oceano è l'immagine trasmessa dai sensi e che l'idea percepita va oltre questa immagine, attua il potere del confronto. È guidato da dati aggiuntivi che stabiliscono il carattere dell'idea percepita per lui.

Quando lo spirito trasmette le sue percezioni all'immaginazione, quest'ultima le raffigura nei consueti modelli di percezione sensoriale. Dove tali modelli non sono mai esistiti nella percezione sensoriale, l'immaginazione non può formare alcuna immagine. Una persona nata cieca non potrebbe raffigurare un sovrano con un oceano, un nemico con un serpente, o le donne con delle navi, perché non ha mai percepito nessuna di queste cose. Per questa persona, l'immaginazione andrebbe a raffigurare quelle cose attraverso immagini analogamente appropriate, derivate dal tipo di percezioni che gli sono familiari, cioè cose che si possono sentite o annusare. L'interprete dei sogni deve fare attenzione a questi elementi. Spesso confondono l'interpretazione dei sogni e ne alterano le regole.

3. L'analogia come agente dell'immaginazione [figurativo-allegorico]

L'analogia è la relazione stabilita dall'immaginazione tra due o più oggetti del pensiero fondamentalmente diversi. L'analogia è, pertanto, il lavoro della mente. Esprime un'"immaginazione" che stabilisce una relazione tra "oggetti del pensiero". L'analogia offre un collegamento immaginario. Una relazione stabilita dall'immaginazione è peraltro postulata come espressione di un ordine naturale.

L'impulso riduttivo regna sovrano nell'attività dell'analogia. I segni sono inevitabilmente visti come segnali di qualcos'altro; le attività trattate come documenti di una realtà sottostante. L'interpretazione è quindi l'obiettivo di tutta la comprensione, e l'interpretazione si ottiene quando il modello presumibilmente immerso dentro l'aspetto viene notato e denominato (analogia, metafora ecc.).

Il ricorso all'analogia esprime la pratica dell'"interpretazione". È una pratica che sembra eminentemente "realistica" nel chiedere un significato per ogni significante, e nell'insistere sul fatto che i segni devono essere "di" qualcosa.

Ma questo "realismo" è il più grossolano degli idealismi. La Natura stessa è un'opera fatta di segni. I segni parlano della Natura.

Gli antichi Egizi credono nella verità dell'allegoria, e non nell'allegoria stessa: la coalescenza del segno, la somiglianza del significante e del significato, l'omeomorfismo delle immagini, lo Specchio o l'"esca" accattivante.

Nell'analogia, il significante si unisce al significato: esso sembra sostituire, o segnare, la Natura. I segni sono quindi lo "Specchio" della Natura. Le loro relazioni interne (analogia, metafora) appaiono come preposizioni naturali e insistenti ("di", "riguardo a") che le impostano come cornici della Natura. Resistere all'analogia significa resistere a questa (immaginaria) Natura – reclamare il naturale per il testuale.

CAPITOLO 3 : LA RAPPRESENTAZIONE DEI PENSIERI CON LE IMMAGINI GEROGLIFICHE EGIZIE

3.1 IDEOGRAMMI DELLE IDEE [IMMAGINI COME SIMBOLI METAFISICI]

Vale la pena ripetere la descrizione di Plotino su come gli Egizi elaborarono i loro simboli pittografici geroglifici. Nelle *Enneadi* [Vol. V–VI] egli scrisse:

> *"…i saggi d'Egitto abbiano compreso tutto questo o per scienza diretta o per intuizione innata: essi, quando volevano rivelare la loro sapienza, non si servivano dei segni delle lettere, che designano parole e proposizioni ma non corrispondono alla pronuncia e al significato delle cose dette, ma disegnavano figure, ciascuna delle quali significava una singola cosa, e ne decoravano i templi per dimostrare che il procedimento discorsivo non appartiene al mondo di lassù, in quanto ciascun individuo è anche una scienza e ciascuna figura sapienza, soggetto e sintesi, e non un pensiero discorsivo né un progetto. Più tardi da questa scienza così sintetica derivò un'immagine che è tutta dispiegata in altra cosa e si esprime nel processo discorsivo e scopre le cause da cui una cosa deriva, sicché ci si meraviglia di una cosa tanto bella. Quando qualcuno sa, non può non dire di ammirare la sapienza, cioè come essa, pur non possedendo le cause, per le quali tutto è così com'è, le elargisce alle cose prodotte sul suo modello."*

In questo metalinguaggio egiziano, sia il Significante che il Significato del Segno si dissolvono con l'uso del segno che alla fine rappresenta concetti "significativi" extra-linguistici o una realtà significata.

Il segno linguistico non unisce una cosa e un nome, ma un concetto. Il collegamento sarebbe tra un'entità psicologica (nel caso di un concetto) da una parte e un'entità fisica dall'altra. Il contrasto è allo stesso tempo tra il soggettivo e l'obiettivo, l'ideale e il materiale, e il privato e il sociale.

Gli Egizi non distinsero mai tra immagini "sacre" e "mondane" (due facce della stessa medaglia), sempre attenti a mantenere questa relazione tra Sopra e Sotto e viceversa.

I geroglifici egizi sono creati in accordo con le leggi naturali. Il carattere del segno scritto egiziano è inerente a questa naturale capacità di ricreare processi.

Gli ideogrammi possono essere definiti come immagini volte a rappresentare cose o pensieri. Ci sono due tipi di Ideogrammi:

1. Immagini, o rappresentazioni effettive di oggetti.

Copiare significa semplicemente riprodurre qualcosa che già c'è, inerte. Attraverso l'imitazione, estendiamo la natura stessa e diventiamo natura; o scopriamo in noi stessi la parte attiva della natura.

2. Simboli pittorici usati per indicare idee astratte.

Imitare attraverso l'immaginazione significa creare oggetti accuratamente progettati da collocare accanto agli oggetti naturali del mondo. Il metodo della creazione artistica e la forma dell'oggetto creato sono realizzazioni prettamente umane delle forze creative universali presenti in natura. È attraverso la forza dell'immaginazione che possiamo sentirci collegati, comprensivamente, alla più vasta forza "latente" del cosmo. Creando nuovi oggetti con l'aiuto dell'immaginazione, il mistico non abbandona la realtà per costruire cose aliene e innaturali. L'immaginazione non altera il mondo, ma lo muove in accordo con la natura.

3.2 PANORAMICA SULLA FORMAZIONE DEGLI IDEOGRAMMI EGIZI

1. La ricchezza di conoscenza nelle formazioni pittoriche egiziane

Per definizione, un simbolo non è ciò che rappresenta, ma quello per cui si pone, ciò che suggerisce. Un simbolo svela alla mente una realtà diversa da quello che è. Le parole trasmettono informazioni; i simboli evocano comprensione.

Un dato simbolo rappresenta quella funzione o quel principio su tutti i livelli contemporaneamente – dalla manifestazione fisica più semplice e più ovvia a quella più astratta e metafisica. Senza riconoscere l'intenzione del simbolismo, continueremo a ignorare la ricchezza della conoscenza e della saggezza degli Egiziani.

Questo linguaggio simbolico rappresenta una ricchezza di dati fisici, fisiologici, psicologici e spirituali nei simboli/segni.

2. La rappresentazione dell'uomo è sinonimo di universo

In tutto il mondo sono in uso molte affermazioni che indicano coerentemente che l'essere umano è fatto a immagine di Dio – ed è quindi un universo in miniatura – e che capire l'universo significa capire se stessi, e viceversa.

Tuttavia, nessuna cultura ha mai praticato questi principi come gli antichi Egizi. Fondamentale per la loro piena comprensione dell'universo era la consapevolezza che l'uomo è stato creato a immagine di Dio e, in quanto tale, l'uomo rappresentava l'immagine di tutta la creazione.

Coerente con tale pensiero, la raffigurazione di un essere umano rappresenta sia l'universo nel suo insieme che l'essere umano sulla Terra. La differenza tra i due sarà chiarita nel contesto.

3. Il simbolismo animale

L'attenta osservazione e la profonda conoscenza degli Egizi del mondo della natura permise loro di identificare determinati animali con qualità specifiche che potevano simboleggiare certe funzioni e principi divini in modo particolarmente puro e sorprendente.

In tema di lealtà, non vi è miglior di esprimerla che attraverso un cane.

Parlando dell'aspetto protettivo della maternità, non vi è miglior modo di esprimerlo che attraverso una leonessa.

Questa espressione simbolica di profonda comprensione spirituale veniva presentata in tre forme principali. Le prime due sono esseri umani con testa di animale, o una pura forma animale.

La terza forma è l'opposto di un essere umano con testa di animale. In questo caso, un uccello dalla testa umana – come il Ba – rappresenterà l'anima del corpo che si libra sopra il corpo. La rappresentazione del Ba, quindi, è l'aspetto divino del terrestre.

4. Accessori, emblemi, colori ecc.

Secondo il simbolismo egiziano, il ruolo preciso dei *Neteru* (dei/dee) viene rivelato in molti modi: con l'abbigliamento, la pettinatura, la corona, la piuma, l'animale, la pianta, il colore, la posizione, la dimensione, il gesto, l'oggetto sacro (flagello, scettro, bastone, ankh) ecc. Questo linguaggio simbolico rappresenta una ricchezza di dati fisici, fisiologici, psicologici e spirituali nei simboli presentati.

5. Forme d'azione

Praticamente tutte le figure sulle pareti dei monumenti egiziani sono di profilo, a indicare un'azione e un'interazione tra le diverse figure simboliche. È evidente un'ampia varietà di azioni nelle forme.

Dobbiamo vedere queste rappresentazioni nella giusta prospettiva (in che modo si relazionano queste sequenze di raffigurazioni?). Ma prima, come si inseriscono queste raffigurazioni nel quadro generale (nell'ambito del testo)?

6. Orientamento dei caratteri geroglifici

I caratteri geroglifici possono essere scritti in colonne o linee orizzontali, che devono essere lette talvolta da sinistra a destra e talvolta da destra a sinistra. Non c'erano regole fisse sulla direzione in cui dovevano essere scritti i caratteri, ma le teste erano sempre rivolte verso l'inizio della frase.

L'orientamento dei caratteri poteva dipendere da una moltitudine di fattori, come il tipo di materiale su cui si scriveva, la posizione del testo rispetto alle figure o ad altri testi, o la natura dell'iscrizione. In certi casi, i testi erano deliberatamente scritti all'indietro. Ci sono anche esempi di iscrizioni che hanno senso solo se lette dal basso verso l'alto!

I caratteri geroglifici vengono disposti in un flusso di testo geroglifico in:

a. Forme singolari

b. Un singolo simbolo nella forma doppia o tripla per esprimere dualità o pluralità.

c. Due simboli combinati in una sola forma, come una gamba con un coltello per indicare un significato complessivo di "non sconfinare".

d. Una serie/gruppo di 2-3 immagini separate, che mostrano una connettività allargata di uno specifico pensiero/concetto in una struttura doppia o tripla.

Nei successivi capitoli verranno fornite informazioni più dettagliate su un ampio campione di geroglifici egizi, suddivisi in cinque gruppi – dal capitolo 4 all'8:

4. Immagini geroglifiche di animali

5. Immagini geroglifiche di esseri umani e di esseri umani con testa di animale

6. Immagini geroglifiche di parti del corpo umano

7. Immagini geroglifiche della natura e delle figure geometriche

8. Immagini geroglifiche di oggetti creati dall'uomo.

CAPITOLO 4 : LE IMMAGINI GEROGLIFICHE DI ANIMALI

4.1 IL SIGNIFICATO METAFISICO DELLE IMMAGINI DI ANIMALI

La funzione principale degli ideogrammi egiziani è di rappresentare pensieri. Ciò implica la necessità di ricercare sia il Figurativo (un oggetto rappresenta una delle sue qualità) che l'Allegorico (un oggetto è collegato tramite processi concettuali enigmatici).

Dobbiamo sempre tenere presente le relazioni tra le forme visive e il loro significato. Una forma visiva può essere mimetica o imitativa, se copia direttamente le caratteristiche dell'oggetto che rappresenta; può essere associativa, e suggerire attributi che non sono visivamente presenti come le proprietà astratte che non si possono rappresentare in modo letterale; e infine può essere simbolica, significativa solo se decodificata secondo convenzioni o sistemi di conoscenza che, sebbene non intrinsecamente visivi, vengono comunicati attraverso mezzi visivi.

Come indicato in precedenza, l'osservazione attenta e la profonda conoscenza degli Egizi del mondo naturale permise loro di identificare certi animali, con caratteristiche specifiche, che potevano simboleggiare funzioni e principi divini in modo particolarmente puro e sorprendente. Di conseguenza, alcuni animali furono scelti come simbolo di quei determinati aspetti della divinità. Più impariamo a conoscere il comportamento di questi animali ecc., più ne comprendiamo/riconosciamo i possibili significati.

Gli antichi Egizi fecero riferimento agli animali e alle parti del loro corpo anche per definire i perimetri delle costellazioni astronomiche, come ad esempio:

Zampa di toro (Orsa maggiore)

Artiglio dell'oca

Testa dell'oca

Parte posteriore dell'oca

Testa del leone

Coda del leone

La mappa celeste del polo nord nella tomba di Seti I [1333–1304 p.e.v.] rafforza il significato assegnato alla parola "zodiaco", dagli antichi Egizi, di cerchio di animali [per informazioni più dettagliate si veda *Alla scoperta della cultura dell'antico Egitto* di Moustafa Gadalla.]

4.2 ESEMPI DI IMMAGINI GEROGLIFICHE EGIZIANE ASSOCIATE AGLI ANIMALI

Le immagini geroglifiche egiziane associate agli animali si trovano nelle sezioni E, F, G, H, I, Y, K e L della *Lista dei geroglifici* standard [disponibile in Internet].

Quella che segue è una selezione di immagini geroglifiche egiziane con pittogrammi associati agli animali, accompagnate da un esame molto sintetico delle funzioni/attributi metafisici di ciascuno, in modo da allontanarsi dalle insensate descrizioni degli accademici occidentali e concentrarsi sui loro VERI significati sottili/profondi. È sempre utile considerare questi pittogrammi delle "figure retoriche" legate a ogni immagine, per riconoscere la loro natura/comportamento/caratteristiche/attributi.

Airone [Cicogna/Fenice] [G 31–32]

L'airone, la cicogna e la fenice sono intimamente legati. Gli Egizi identificavano la fenice con una cicogna o con un uccello simile all'airone il cui nome era *Benu/Bennu*. Il Bennu è rappresentato come un uccello in volo, ed è raffigurato come un misto tra airone e cicogna, oppure tra falco e cicogna. Alcuni dei suoi attributi significativi sono:

1. Rappresenta la rinascita, come manifestazione di Osiride risorto.

La cicogna è nota per il suo istinto di migrazione e senso dell'orientamento, ed è anche conosciuta in tutto il mondo come uccello che porta i neonati alle loro nuove famiglie.

Il Bennu, in forma di cicogna, porta una Nuova Vita.

La cicogna ritorna al proprio nido con una precisione infallibile – quindi un uccello migratore è la scelta perfetta per rappresentare il ritorno dell'anima alla Fonte.

Osiride rappresenta il divino in una forma mortale che vive, muore e rinasce di nuovo. È per questo che l'anima di Osiride dimora nell'uccello Bennu, che è sempre rappresentato nelle scene di resurrezione.

Tutti i morti sono Osiride, risusciteranno e rinasceranno nuovamente.

2. Rappresenta lo stato di acquisizione/recupero della consapevolezza.

3. Come simbolo di rinascita, è associato al principio solare.

4. È anche noto come simbolo del pianeta Venere, con tutto ciò che implica.

L'airone è rappresentato in due posizioni: immobile/appollaiato o attivo/in avanzamento.

a. Alla Fonte, è raffigurato appollaiato sul Benben: il simbolo della collina primordiale. In questo senso, è la Fenice che sorge dalle ceneri della collina primordiale per iniziare un'altra vita.

b. In avanzamento per condurre tutte le creazioni alla Sorgente.

Si tratta di un ciclo continuo di dare la vita e tornare alla Fonte.

Il Bennu, pertanto, è un simbolo di resurrezione, e vi erano formule che istruivano il defunto su come diventare Benu.

<u>Ape</u> [L 2]

Vari sono gli attributi legati all'ape. L'attributo specifico sarà determinato dal contesto. Alcuni attributi correlati sono:

– Significato solare

– Simbolo della generosa ricchezza del mondo naturale

– Impollinazione

– Produzione di miele e suoi benefici come cibo, medicine ecc.

– Etica del lavoro (ape impegnata)

– Puntura – come nella puntura d'ape

<u>Arieti</u> [E 10-11]

Vari sono gli attributi legati agli arieti. L'attributo specifico sarà determinato dal contesto.

I geroglifici egiziani mostrano un tipo di ariete, con corna orizzontali. Nelle statue e nelle raffigurazioni sulle pareti, sono presenti due tipi di ariete:

1. Con corna arcuate: si riferisce alla manifestazione degli aspetti della creazione, come l'era zodiacale dell'Ariete, l'ultima delle quali iniziò attorno al 2300 p.e.v.

2. Con corna orizzontali: si riferisce agli aspetti concettuali della creazione, rappresentati da Khnum.

In questa sede ci concentreremo sul geroglifico dell'ariete con lunghe corna orizzontali.

Nell'Antico Egitto, l'ariete era chiamato Ba.

Ba ha diversi significati correlati:

1. il veicolo dello spirito universale

2. l'incarnazione del potere/forza vitale

3. la manifestazione esteriore del potere

Tutto quanto sopra rappresenta Khnum come un aspetto della forza creativa di Ra.

Khnum rappresenta l'aspetto del processo divino di creazione e formazione dell'universo, sia fisicamente che metafisicamente.

Vi sono 75 forme o aspetti di Ra, e Khnum è uno di questi aspetti.

Khnum rappresenta l'incarnazione della forza creativa di Ra.

L'animale in cui Khnum si incarnava era l'ariete, con le corna piatte che si sollevano ad angolo retto rispetto alla testa.

In alcuni contesti, Khnum è raffigurato come un uccello con la testa di ariete. Questo uccello rappresenta il Ba di Ra – il Ba universale che tutto comprende.

Asino [E 7]

L'asino rappresenta l'Ego e l'ostinazione come attributo del neter (dio) Seth.

L'asino può anche rappresentare il duro lavoro.

Ma anche la fertilità, in quanto il maschio ha una forte erezione fallica.

Avvoltoio [G 14–16]

Vari attributi sono legati agli avvoltoi. L'attributo specifico sarà determinato dal contesto.

1. L'avvoltoio rappresenta la sterilità.

2. L'avvoltoio è il simbolo della **nascita verginale**, in altre parole della **purezza**. L'avvoltoio esprime il concetto di "nascita verginale" perché la femmina si feconda da sola esponendosi al getto del maschio, senza alcun contatto fisico.

L'esempio più rilevante è quello della Vergine Madre Iside e del suo bambino Horus – la Madonna e il Bambino.

3. L'avvoltoio rappresenta Mut, il potere dell'assimilazione, con tutto ciò che implica.

4. Si suppone che l'avvoltoio sia particolarmente premuroso nel prendersi cura dei suoi piccoli.

<u>Ba</u> [G 53]

Il Ba è una delle componenti metafisiche degli esseri umani (e di altri esseri).

Il Ba è immortale. Quando il Ba se ne va, il corpo muore. Il Ba è rappresentato come un uccello dalla testa umana, che è l'opposto della consueta raffigurazione dei *Neteru* (dei, dee) con corpi umani e teste animali – in altre parole, l'aspetto divino del terrestre. Il Ba può essere raffigurato come cicogna o falco. La cicogna è nota per il suo istinto di migrazione e senso dell'orientamento. In tutto il mondo è conosciuta come uccello che porta i neonati alle loro nuove famiglie. La cicogna ritorna al proprio nido con una precisione infallibile – quindi un uccello migratore per eccellenza è quello scelto per rappresentare l'anima. "Ba" viene solitamente tradotto come "anima".

<u>Babbuino</u> [E 32-33]

Il babbuino è quasi umano, pertanto rappresenta il momento cruciale che precede il levar del sole.

Il babbuino emette dei suoni simili a mormorii alle prime luci dell'alba: il punto di partenza. Il babbuino rappresenta molto bene questo punto di partenza. Rappresenta il punto iniziale di un ciclo – che sia quello di creazione o giornaliero.

In tale ruolo, il babbuino è associato a Thot [Tehuti], il divino intermediario tra il metafisico (l'oscurità prima del tramonto) e il fisico (come alla luce del giorno).

Nelle tradizioni dell'Antico Egitto, le parole di Ra, rivelate attraverso Thot, divennero le cose e le creature di questo mondo, cioè le parole (significato, energie sonore) crearono le forme nell'universo. Di conseguenza, Thot rappresenta il legame tra il metafisico (extraumano) e il fisico (terrestre).

È così che troviamo il babbuino raffigurato in posizione seduta, in attesa del Momento Zero, o in piedi, mentre saluta l'arrivo di un nuovo ciclo.

Coerentemente con il ruolo del babbuino, troviamo che uno dei quattro discepoli di Horus ha la testa di babbuino. Il suo ruolo è sorvegliare il quadrante orientale, la regione da cui si verifica la nuova/rinnovata creazione.

Il babbuino, come Thot [Tehuti], è associato al principio lunare.

Cani [E 14-19]

Vari sono gli attributi legati al cane. Ci sono diverse forme di cani/sciacalli che appaiono in svariate posizioni e contesti. L'attributo specifico sarà determinato dal contesto.

1. Il cane/sciacallo rappresenta il giusto senso dell'orientamento – la Guida Divina.

Il cane/sciacallo è noto per il suo affidabile istinto domestico, diurno o notturno. Il cane è molto utile nelle ricerche, ed è l'animale di riferimento come guida per i non vedenti. Quindi, è una scelta perfetta per condurre l'anima del defunto attraverso le regioni del Duat.

2. Il ruolo metafisico del cane si riflette nella sua dieta. Il cane/sciacallo banchetta con le carogne, trasformandole in nutrimento benefico. In altre parole, rappresenta la capacità di trasformare i rifiuti in cibo utile per il corpo (e l'anima).

3. Il cane rappresenta la lealtà assoluta.

4. Al cane si attribuiscono altre caratteristiche correlate ai suoi tratti peculiari, come afferma Clemente Alessandrino negli *Stromata*, libro V, capitolo VII:

> *"…Perché i cani sono i simboli dei due emisferi, come se avessero di noi cura e custodia…*
>
> *…questi cani, fedeli guardie dell'uomo, designassero i Tropici, che guardano il Sole dalla parte di Settentrione, e di Mezzogiorno…"*

5. Il cane viene anche identificato con Sirio, la Stella del Cane, correlata con:

6. La stella di Iside – La Grande Fornitrice

7. Il Punto di Origine nel calendario egiziano

8. Sirio, la Stella del Cane, è identificata come la dimora della madre universale, Iside.

In tempi molto remoti della storia dell'Antico Egitto, Iside era associata a Sirio, la stella più luminosa del cielo, che veniva anche chiamata, come lei, la *Grande Fornitrice*, e la cui fase crescente annunciava la stagione dell'inondazione del Nilo.

Il calendario egizio, ingegnoso e molto preciso, si basava sull'osservazione e lo studio dei movimenti di Sirio nel cielo. Questo è chiaramente confermato nel dizionario Webster, che definisce l'anno sotiaco nel seguente modo:

– che si riferisce a Sirio, la Stella del Cane Maggiore

– che indica o un ciclo o un periodo di tempo basato sull'anno fisso dell'Antico Egitto.

Gli antichi Egizi sapevano che l'anno era composto da poco più di 365 giorni e ¼. La Terra impiega 365,25636 giorni per completare una rivoluzione attorno al Sole, e questa era/è la durata dell'anno sotiaco egiziano. [Per maggiori dettagli si veda *Alla scoperta della cultura dell'Antico Egitto* di Moustafa Gadalla.]

Cavallo [E 6]

Vari sono gli attributi legati al cavallo. L'attributo specifico sarà determinato dal contesto.

1. Il cavallo simboleggia la fortezza e la sicurezza di sé, come afferma Clemente Alessandrino negli *Stromata*, Libro V, Capitolo VII:

"Il cavallo simbolo della fortezza e della libertà del dire".

2. Il cavallo è il simbolo geroglifico del Nobile.

Il cavallo rappresenta la forza trainante che, se ben direzionata, conduce alla nobiltà.

3. Il monarca nomina CAVALIERE le persone eccezionali.

Questo concetto egiziano si ritrova nelle tradizioni odierne quando, per i suoi straordinari risultati, una persona viene ordinata CAVALIERE dal sovrano in persona.

4. Raffigurato mentre sconfigge le forze del caos.

L'uomo divino è raffigurato nei templi egizi mentre attacca e sconfigge le forze del caos, rappresentate come stranieri e animali selvatici.

Queste raffigurazioni sono rappresentazioni simboliche della battaglia interiore tra le forze del Bene e del Male.

Da un punto di vista terreno, la polizia montata usa ovunque cavalli per guidare e controllare le folle. La polizia usa la forza del cavallo anche per dissipare le folle in tumulto.

Usiamo il termine cavallo vapore come unità di misura dell'energia.

5. Nelle tradizioni egiziane la lingua dell'uomo è paragonata a un cavallo. La lingua è il muscolo più forte del corpo umano. La forza trainante del cavallo o della lingua controlla il tuo destino.

Il simbolismo del cavallo come forza trainante è davvero molto potente.

Coccodrillo [I 3-5]

Vari sono gli attributi collegati al coccodrillo. L'attributo specifico sarà determinato dal contesto, sia come "buono" che come "cattivo".

1. Il coccodrillo è una manifestazione del principio solare. Qui si fa riferimento al V Volume dei *Moralia* di Plutarco:

> *"E neppure il cocodrillo ebbe culto senza probabil motivo. Dicesi fatto per rappresentare la divinità, come il solo degli animali che non ha lingua; infatti Dio non ha bisogno della voce".*

2. La parola egiziana per coccodrillo è *Te-MSaHh*. La sua forma verbale è *MaSaHh*, che significa *spalmare/ungere*.

La parola italiana Messia deriva anche dall'ebraico e dall'aramaico Mashih che, nella sua forma verbale MeSHeH, significa "ungere". Questa parola è di origine egiziana, dove MeSSeH [la lettera *s* in egiziano equivale a "sh" in ebraico e aramaico] indicava il rituale dell'unzione dei sovrani dell'Antico

Egitto con il grasso di coccodrillo, come si usava per tutti i re dell'Antico Egitto almeno dal 2700 p.e.v.

L'unzione era un rituale che si praticava durante l'incoronazione del sovrano egiziano. Quindi *Cristo/Messia significa colui che è unto, che è il re.*

3. Il concetto di nascita del Messia senza rapporti sessuali trae la sua origine nell'Antico Egitto. Si dice che Iside abbia concepito suo figlio Horus dopo la morte del marito Osiride.

La forza cosmica responsabile della sua fecondazione era **MeSSeH**, *la stella del coccodrillo*, come si legge nella formula 148 dei *Testi dei Sarcofagi*:

> *"La stella del coccodrillo (Messeh) colpisce… Iside si sveglia gravida con il seme di Osiride, cioè Horus".*

Horus è il risultato del colpo della stella del coccodrillo.

4. Il coccodrillo ha anche altri significati/ruoli, essendo raffigurato in scene zodiacali e astronomiche.

– Come una delle costellazioni riconosciute.

– Sempre presente nelle scene zodiacali, in piedi, all'inizio del ciclo dello zodiaco, oppure nella sua consueta posizione orizzontale come una costellazione astronomica.

5. Il coccodrillo rappresenta la fine del viaggio terreno – la morte – necessaria per ottenere la resurrezione e la vita eterna. Senza la morte, non è possibile ritornare alla fonte.

Scrisse Diodoro Siculo:

> *"Il coccodrillo è significativo per ogni tipo di bassezza".*

Clemente Alessandrino, nel suo libro *Stromata V*, capitolo VII, scrisse:

> *"Il coccodrillo simboleggia l'impudenza".*

<u>Falco</u> [G 5-13]

Vari sono gli attributi legati al falco. Esistono diverse forme di falco, illustrate in varie posizioni e contesti. L'attributo specifico sarà determinato dal contesto.

1. Il falco o i falchi rappresentano il principio solare universale, come sostiene Clemente Alessandrino nei suoi *Stromata*, Libro V, Capitolo VII:

> *"Lo sparuiere è simbolo del Sole, percioch'egli è focoso et ha forza d'uccidere (perché gli Egiziani attribuiscono al sole malattie pestilenziali)…".*

2. Il falco è/era strettamente associato a Horus: una manifestazione del principio solare. Nei suoi *Moralia*, Volume V, Plutarco dichiara:

> *"indicavano nello sparviere Dio".*

E ancora Clemente Alessandrino nei suoi *Stromata*, Libro V, Capitolo VII:

> *"V'è uno sparuiere, ch'è simbolo di Dio".*

3. Il falco o i falchi rappresentano la linea equinoziale, come si legge negli *Stromata*, Capitolo VII, di Clemente Alessandrino:

> *"Che lo sparuiere significhi l'Equinottiale, il qual è alto et adulto…".*

4. Il falco o i falchi rappresentano la rapidità, come disse Diodoro Siculo:

> *"Il falco rappresenta tutto ciò che accade rapidamente, perché è la più veloce delle creature alate. L'idea è poi trasferita, per mezzo di metafore adatte, alle cose veloci e a quelle a cui si addice l'idea della velocità, come se fossero state nominate in tal modo.*

[Per maggiori dettagli su Horus e i falchi si veda *Egyptian Divinities* di Moustafa Gadalla.]

<u>Gatto</u> [E 13]

Nella *Litania di Ra*, Ra è descritto come *"Quello del gatto"* e *"Il grande gatto"*. I nove regni dell'universo si manifestano nel gatto, perché, nella loro denominazione, sia l'animale che la Grande Enneade (cioè gruppo di nove) possiedono lo stesso antico termine egiziano. Questa relazione si è fatta strada nella cultura occidentale, dove si dice che *il gatto ha nove vite* (regni).

Il gatto rappresenta l'armonia totale: il senso di felicità interiore, contentezza e pace.

Giraffa [E 27]

Con i loro lunghi colli, le giraffe riescono a vedere/controllare/osservare meglio di qualsiasi altro animale terrestre – con tutte le considerazioni metafisiche associate a questi tratti fisici.

Ibis [G 25-30]

Vari sono gli attributi legati all'ibis. L'attributo specifico sarà determinato dal contesto.

Ci sono diversi simboli geroglifici per l'ibis che indicano vari tipi e posizioni.

1. L'ibis rappresenta il principio lunare universale, come sostenuto da Clemente Alessandrino negli *Stromata*, Libro V, Capitolo VII:

> *"…ibis dinotava la luna per la comparatione de i suoi colori, i quali in parte bianchi asimigliano la parte illuminata della luna, e in parte neri, la parte ombrosa".*

2. L'ibis indica l'eclittica, come afferma Clemente Alessandrino negli *Stromata*, Libro V, capitolo VII:

> *"L'ibis indica l'eclittica. Gli Egizi nel ritrovamento del numero, e della misura, si servirono degli animali, fra i quali principalmente dell'ibis".*

3. L'ibis è strettamente associato a Thot; anch'esso un principio lunare.

4. L'ibis è associato al triangolo equilatero, come scrisse Plutarco nei suoi *Moralia*, Volume V, sull'Antico Egitto:

> *"Nell'ibis la distanza fra una zampa e l'altra in relazione al becco forma un triangolo equilatero".*

Ippopotamo [E 25]

Vari sono gli attributi legati all'ippopotamo. L'attributo specifico sarà determinato a seconda del contesto "buono" oppure "malvagio".

1. Di natura distruttiva, è considerato Uno degli animali di Seth, come confermato da Plutarco nei suoi *Moralia*, Volume V:

"e l'ippopotamo (rappresenta) l'empietà".

2. L'enorme dimensione dell'ippopotamo proietta i suoi attributi materni/ di gravidanza, ed è quindi un simbolo di fertilità.

3. La madre ippopotamo è nota per l'impavida difesa dei suoi cuccioli.

4. Come "madre di tutto", in forma eretta si trova all'inizio di ogni ciclo, ad esempio quello dello zodiaco, come raffigurato in numerosi luoghi dell'Egitto prima dell'epoca greca.

5. Come portatore/contenitore di tutta la creazione, si trova in tutte le scene di rinascita, cosmiche e non.

6. In astronomia, l'ippopotamo è una delle costellazioni circumpolari dell'emisfero nord.

Leone e leonessa [E 22-23]

Vari sono gli attributi legati ai leoni. L'attributo specifico sarà determinato dal contesto.

Ci sono diversi simboli geroglifici per i leoni, che indicano vari tipi e posizioni.

[E 22 Leone che avanza] [E 23-leone accovacciato/disteso/seduto – ruolo difensivo]

1. Il leone simboleggia forza, maestosità, potere, dominio ecc. Clemente Alessandrino, nei suoi *Stromata*, Libro V, Capitolo VII, scrisse:

"...gli Egizi usavano il lione per simbolo di robustezza e di forza".

2. La leonessa rappresenta *"la Mamma Chioccia"*, con tutto ciò che implica: è passionale, protettiva, tenera, amorevole, premurosa, di supporto e incoraggiante.

Nell'Antico Egitto la leonessa è identificata come **Sekhmut**. Sekhmet o

Sekhmut sono in realtà due parole: Sekh e Mut, che significano *più anziana* o *mamma chioccia*.

3. La leonessa rappresenta l'aspetto impetuoso del potere creativo. Nella *Litania di Ra*, Ra viene descritto (in una delle sue 75 forme/attributi) come *Quello del gatto* e ***Il grande gatto***.

4. La leonessa è l'animale più impavido della terra. Nella società moderna, il fegato e la colonna vertebrale sono simboli di coraggio. Questo concetto affonda le radici nell'Antico Egitto. Nel *Papiro di Ani* [tav. 32, cap. 42] si legge:

"la mia pancia e la mia schiena sono Sekhmet".

Lepre [E 34]

La lepre ha sempre gli occhi aperti. Tale caratteristica fisica simboleggia i concetti metafisici cosmici degli occhi divini sempre vigili e ben aperti.

Le lunghe orecchie di questo animale simboleggiano anche l'udito/ascolto divino.

Maiale [E 12]

Come animale selvatico, rappresenta l'aspetto selvaggio della creazione, quindi il maiale selvaggio è considerato uno dei complici/animali di Seth.

Oca [G 38-39]

Nella lingua egiziana, l'oca simboleggia/esprime la parola "figlio", a causa dell'intenso amore di questo uccello per i suoi piccoli, come confermato da Orapollo.

È sempre l'oca ad avere deposto l'uovo d'oro: la fonte della creazione.

Pesce [K 1-7]

Vari sono gli attributi legati al pesce. L'attributo specifico sarà determinato dal contesto.

1. La pesca rappresenta la capacità di controllare gli aspetti selvaggi della natura, all'interno o all'esterno del nostro essere.

Ci sono moltissime scene di pesca nei templi e nelle tombe dell'Egitto. Nei testi egizi, Horus assume la forma di un pescatore e anche i suoi quattro discepoli ("figli") pescano con lui. Cristo usò un simbolismo simile rendendo i suoi discepoli "pescatori di uomini".

2. I pesci simboleggiano l'"odio", come sostiene Plutarco nei *Moralia*, Volume V:

"Con i pesci [gli Egiziani simboleggiavano] l'odio".

Una descrizione simile la fa Clemente Alessandrino negli *Stromata*, Libro V, Capitolo VII:

"Il pesce significa l'odio".

Questo si ricollega all'allegoria di Osiride, quando il malefico Seth e i suoi complici fecero a pezzi il corpo di Osiride e gettarono il suo fallo nel fiume Nilo, dove venne mangiato da un pesce.

3. Nessun animale puzza quanto il pesce, quindi un pesce può anche significare avarizia.

4. I pesci simboleggiano anche la rinascita – abbondanza.

Piuma [H 6]

La lunga penna/piuma di struzzo rappresenta l'assenza di peso della verità, generalmente identificata con Maat attraverso una piuma di verità posta sul suo capo.

Per maggiori informazioni sui suoi utilizzi con Maat, altre divinità e la sua misura di pura consapevolezza nella tipica pesatura del cuore nel Giorno del giudizio, si legga *Egyptian Divinities* di Moustafa Gadalla.

Pulcino [G 43–50]

Il pulcino rappresenta ovviamente un nuovo inizio.

Rana [I 7]

Le rane rappresentano il concepimento e la procreazione, cioè la fonte della vita.

Le rane maschio sono estremamente prolifiche. Poco prima dell'inondazione annuale del Nilo si vedono rane in grande numero, simboleggiando la nuova vita.

Le rane sono simbolo di abbondanza, fertilità e resurrezione/rinascita.

Gli amuleti a forma di rana erano/sono noti in Egitto per portare la fertilità, a causa della natura prolifica della rana.

Scarabeo [L 1]

Lo scarabeo o scarafaggio è una delle 75 Manifestazioni del processo della creazione, che sono tutti aspetti di Ra – la forza creativa divina.

Orapollo Niloo spiega in questo modo il simbolismo dello scarabeo:

> *"Quando vogliono indicare la nascita, oppure il padre o l'individuo maschio, oppure il mondo, loro [gli Egiziani] disegnano uno scarabeo. L'autogenerato perché l'animale si autogenera dal momento che non è concepito da una femmina. Soltanto lui procrea così: quando il maschio vuole generare figli prende un escremento bovino, lo modella dandogli forma sferica simile a quella del cosmo, l'afferra con le zampe posteriori e la fa rotolare da oriente a occidente, mentre egli volge lo sguardo ad oriente per conferirgli la forma del cosmo".*

Lo scarabeo si trova quindi sempre all'inizio di un ciclo.

Ra è spesso rappresentato come un grande scarabeo nero seduto nella barca solare mentre fa rotolare il disco solare, o come un uomo la cui testa è sostituita da quella di uno scarabeo.

Pertanto, Ra è lo scarabeo divino originale. Il nome egiziano dello scarabeo era Khepri, una parola complessa che significa *"Colui che dà vita/ viene all'esistenza"*.

Ra è descritto nei *Testi di Unis* (*Testi delle piramidi*):

> *"Essi ti condurranno all'esistenza come Ra, in questo suo nome di Khepri".*

Pertanto, lo scarafaggio è collegato al principio solare.

Serpenti [I 9-15]

Vari sono gli attributi legati ai serpenti. L'attributo specifico sarà determinato in base al contesto "buono" oppure "malvagio".

Vari geroglifici vengono utilizzati a seconda dello scopo e dell'azione – a riposo, eretti, arrotolati ecc. I serpenti rappresentano vari aspetti, ad esempio:

1. Per simboleggiare la duplice natura della creazione

Il serpente rappresenta il principio di dualità; la capacità dell'Uno di dividersi in Due.

Il serpente rappresenta l'Unità, con la sua lunghezza indifferenziata.

Esso è l'Unità che contiene il potere che diventa dualità.

Nella pre-creazione, gli aspetti femminili sono rappresentati come serpenti, con le code erette a rappresentare i potenziali poteri creativi interiori.

Il serpente, che è un animale notevolmente individualista, ha sia una lingua biforcuta (dualità verbale) che un doppio pene (dualità sessuale).

Il serpente, essendo l'animale più flessibile, rappresenta il fornitore di tutte le varie forme di creazione.

Neheb Kau, che significa fornitore di forme/attributi/qualità, era il nome dato al serpente che rappresentava la spirale primordiale/serpente nell'Antico Egitto.

Neheb Kau è raffigurato come un serpente a due teste, per indicare la natura a doppia spirale dell'universo.

2. Per simboleggiare l'intelletto divino

Come simbolo della dualità, il serpente rappresenta l'intelletto, la facoltà con cui l'uomo può rompere il tutto nelle sue parti costitutive. Questo è analogo alla creazione, nel senso che la molteplicità viene creata dall'unità.

3. Simbolo della potenza della creazione

La capacità di moltiplicarsi è un aspetto femminile. Di conseguenza, la forma di un serpente era il simbolo geroglifico usato per rappresentare una *netert* (dea). L'aspetto femminile, la *netert* (dea), rappresenta il potere forte attivo nell'universo.

4. Il potere dell'opposizione [il "Male"]

Il ciclo della creazione prescrive che la molteplicità si riunificherà nuovamente nella sua unità originaria. Per conseguire la riunificazione, è necessario resistere alla natura dualistica simboleggiata dal serpente.

Apep (Apopi) è un serpente attorcigliato, una forma di Seth che rappresenta il potere dell'opposizione alla risurrezione.

<u>Tori</u> [E 1-3] [F 13-15] [F 23-24]

Vari attributi sono legati al toro. L'attributo specifico sarà determinato dal contesto.

1. Fertilità e potenza sessuale [E 1 – toro che avanza con grande falcata]. Il toro selvatico, che è un simbolo quasi universale di potenza sessuale, simboleggia la forza illimitata e la fertilità. I tori sono noti per la loro sessualità, perché un unico esemplare può fecondare un'intera mandria. Quindi, il toro selvaggio è simbolo di energia sessuale indomabile.

L'universo non può esistere senza la capacità di replicare, cioè di riprodursi.

Clemente Alessandrino scrisse nel suo libro *Stromata* V, capitolo VII:

> *"Il toro [per gli Egiziani] è chiaramente il simbolo della terra stessa, e dell'allevamento e del cibo".*

I tori erano/sono associati anche a riti di fertilità, come spiega Diodoro nel *Libro* I [21, 8-22]:

> *"I tori sacri, Api, cioè, e Mnevi, sono adorati come dei, secondo l'istituzione di Osiride, tanto per l'uso che se ne fa in agricoltura, quanto per propagare presso tutta la posterità la gloria, e la benemeranza di coloro che trovarono le biade".*

2. Simbolo degli aspetti selvaggi da domare [E2 – toro aggressivo]. Il toro rappresenta questa potente energia sessuale che deve essere domata e incanalata.

Cacciare animali selvatici rappresenta la capacità di noi umani di controllare gli aspetti selvaggi della natura, dentro o fuori di noi.

L'uomo divino è rappresentato mentre disperde e caccia tutti i tipi di animali selvatici, compreso il toro selvaggio.

3. Simbolo di forza, determinazione, duro lavoro [F 13-15 – corna bovine]. Come sottolineato da Orapollo, per gli Egiziani le corna del toro rappresentano il lavoro. E questo ricorda il detto: *"Prendere il toro per le corna"*, che in senso figurato significa "prendere il controllo e portare a termine il lavoro".

4. Simbolo del sacrificio: ci vuole una vita per salvare una vita – rinnovamento [E 2-3 – vitello]. Osiride rappresenta il processo, la crescita e gli aspetti ciclici sottostanti l'universo – il principio che fa nascere la vita dalla morte apparente.

La parola egiziana per indicare un giovane toro è **A. G L**, che significa semplicemente ciclo (maschile).

Osiride rappresenta il principio di ringiovanimento/rinnovamento nell'universo. Pertanto, nel contesto dell'Antico Egitto, il toro doveva subire una morte sacrificale per assicurare la vita della comunità. Il sacrificio dell'animale sacro, e il cibarsi della sua carne, portavano a uno stato di grazia.

Delle tavolette trovate nelle tombe dell'Antico Egitto a volte rappresentano un toro nero che trasporta il cadavere di un uomo nella sua dimora definitiva nelle regioni dei morti. Il nome di questo toro viene indicato come Api, perché Osiride rappresenta lo stato di morte in ogni essere/in tutte le cose – il divino in forma mortale.

In tutto l'Egitto e in tutte le epoche, nelle tombe e nei templi sono stati raffigurati tori da sacrificare durante le feste per rinnovare e ringiovanire la vita.

Oggi in Egitto continua a essere una pratica comune quella di sacrificare giovani tori quando qualcuno muore. Questa usanza si perpetua ogni anno in migliaia di feste per i santi popolari in Egitto.

5. Astronomia: il toro è uno dei segni zodiacali [E 1 – toro che avanza con grande falcata]

La zampa anteriore del toro come costellazione [F 23–24 – zampa del toro] rappresenta la costellazione dell'Orsa maggiore o Grande Carro.

Uccelli [G Anatre]

Le raffigurazioni della cattura di uccelli nelle tombe e nei templi dell'Antico Egitto sono la rappresentazione fisica di concetti metafisici.

La cattura degli uccelli simboleggia l'uomo divino che doma gli aspetti selvaggi della natura – dentro o fuori il nostro essere.

Per gli antichi Egizi, ogni uccello (come il falco, l'avvoltoio, la cicogna, la fenice, l'oca ecc.) simboleggiavano diverse qualità spirituali. Ogni specie di uccello rappresentava un aspetto spirituale selvaggio che doveva essere intrappolato, ingabbiato, a volte domato e altre volte offerto in sacrificio ai *neteru* (dei, dee).

Nelle immagini geroglifiche sono illustrati diversi tipi di uccelli, tra cui oche, anatre, alzavole, quaglie, pernici, uccelli dalle lunghe zampe come gru, uccelli acquatici, e altre varie specie.

Uovo [H 8]

In precedenza abbiamo parlato del significato dello scarafaggio/scarabeo (stercorario) e di come esso forma e rotola il suo fertile escremento a forma di uovo. È il simbolo dell'uovo cosmico.

Un uovo rappresenta la dimora in cui avviene creazione – dall'uovo di uccello all'universo a forma di uovo.

La *bolla dell'Universo* è a forma di uovo, per cui l'utero/contenitore/bolla universale è anche chiamata uovo cosmico.

I testi egiziani parlano di Khnum come di colui che:

"modellò l'uovo cosmico".

Khnum è noto anche come il:

"Creatore del cielo, della terra, e della Duat, dell'acqua e delle montagne".

L'uovo cosmico ha diversi significati correlati:

1. il veicolo dello spirito universale

2. l'incarnazione del potere/forza vitale

Khnum rappresenta la forza divina che plasma l'intero universo, ed è anche raffigurato mentre modella l'immagine dell'universo in miniatura – l'uomo – sulla ruota da vasaio.

Upupa [G 22]

Nel poema mistico egiziano "La conferenza degli uccelli", l'upupa è il capo di un gruppo di uccelli che partì alla ricerca di Simurgh o principio divino. In questa allegoria sufica, l'upupa è femmina.

Di particolare interesse è la rappresentazione coerente di un antico Egizio adulto con suo figlio, che porta la treccia della giovinezza e trasporta l'upupa.

Vacche [E 4–5 forme di vacche] [E 4 Hesat]

Vari sono gli attributi collegati alla vacca, e raffigurati in varie immagini geroglifiche. L'attributo specifico sarà determinato dal contesto

Le mucche rappresentano generalmente il nutrimento, sia fisico che metafisico, a livello celeste/cosmico e umano.

La mucca è la rappresentazione ideale del nutrimento di tutti i tipi. I testi dell'Antico Egitto descrivono Iside dai 10.000 nomi nel suo ruolo di Hathor dalla testa di vacca come:

La vacca Heru-sekha, che produce tutte le cose…

Colei che nutriva il bambino Horus con il suo latte. [E 5]

Abbiamo anche il geroglifico per Hesat **[E-4]**, una forma di Hathor il cui ruolo è quello di nutrire i ragazzi.

Hesat rappresenta il nutrimento metafisico (amore, cura, canto ecc.) necessari per la crescita e il benessere dei bambini.

Hathor, come simbolo di nutrimento spirituale, gioca un ruolo importante anche nei testi di trasformazione (funerari), fornendo il nutrimento spirituale richiesto dall'anima del defunto.

Quando l'anima realizzata si riunifica con la Sorgente, lui/lei raggiunge la Vacca Celeste originale, dove lui/lei sarà custodito/a per l'eternità.

CAPITOLO 5 : LE IMMAGINI GEROGLIFICHE DEGLI ESSERI UMANI E DEGLI ESSERI UMANI CON LA TESTA DI ANIMALE

5.1 SIGNIFICATO METAFISICO DELLE IMMAGINI UMANE

In tutto il mondo sono in uso molte affermazioni che indicano coerentemente che l'essere umano è fatto a immagine di Dio – ed è quindi un universo in miniatura – e che capire l'universo significa capire se stessi, e viceversa.

Tuttavia, nessuna cultura ha mai praticato questi principi come gli antichi Egizi. Fondamentale per la loro piena comprensione dell'universo era la consapevolezza che l'uomo è stato creato a immagine di Dio e, in quanto tale, l'uomo rappresentava l'immagine di tutta la creazione.

Le immagini geroglifiche egiziane relative all'uomo si trovano nelle sezioni A e B della *Lista dei geroglifici* standard [disponibile in Internet].

5.2 SIGNIFICATO METAFISICO DELLE IMMAGINI DALLA TESTA DI ANIMALE

Come già indicato in precedenza, l'osservazione attenta e la profonda conoscenza degli Egizi del mondo naturale permise loro di identificare certi animali, con caratteristiche specifiche, che potevano simboleggiare funzioni e principi divini in modo particolarmente puro e impressionante. Di conseguenza, alcuni animali furono scelti come simbolo di un determinato aspetto della divinità. Nell'Antico Egitto, quando un animale è raffigurato per intero rappresenta una particolare funzione/attributo nella sua forma più pura. Quando viene rappresentata una figura/immagine con testa di animale, essa trasmette quella particolare funzione/attributo nell'universo, ritratta nella sua forma umana, coerente con l'idea che l'uomo è l'immagine dell'intera creazione.

Le immagini umane con testa di animale rappresentano le forze divine che gli Egizi chiamavano Neteru (dei, dee). Essi sono manifestazioni dell'energia divina nell'universo.

Affinché la creazione esista e continui, si deve pensare a questa energia divina in termini di princìpi maschili e femminili. Pertanto, gli antichi Egizi chiamarono le forze di energia cosmica con i termini *netert* (principio femminile) e *neter* (principio maschile).

[Per informazioni più dettagliate sulle funzioni cosmiche dei neteru (dei, dee), si vedano altre pubblicazioni dello stesso autore, principalmente *Cosmologia egizia* e *Egyptian Divinities*.]

5.3 ESEMPI DI IMMAGINI GEROGLIFICHE EGIZIANE ASSOCIATE

Quelle che segue è una selezione di immagini geroglifiche egiziane con pittogrammi associati all'uomo e all'uomo con testa di animale, accompagnate da un esame molto sintetico delle funzioni/attributi metafisici di ciascuno. È sempre utile considerare questi pittogrammi delle "figure retoriche" legate a ogni immagine, per riconoscerne la natura/comportamento/caratteristiche/attributi.

La funzione principale degli ideogrammi egiziani è di rappresentare pensieri. Ciò implica la necessità di ricercare sia il Figurativo (un oggetto rappresenta una delle sue qualità) che l'Allegorico (un oggetto è collegato tramite processi concettuali enigmatici).

Dobbiamo sempre tenere presente le relazioni tra le forme visive e il loro significato. Una forma visiva può essere mimetica o imitativa, se copia direttamente le caratteristiche dell'oggetto che rappresenta; può essere associativa, e suggerire attributi che non sono visivamente presenti come le proprietà astratte che non si possono rappresentare in modo letterale; e infine può essere simbolica, significativa solo se decodificata secondo convenzioni o sistemi di conoscenza che, sebbene non intrinsecamente visivi, vengono comunicati attraverso mezzi visivi.

Le immagini geroglifiche umane e di umani con la testa di animale si trovano nelle sezioni A, B e C della *Lista dei geroglifici* standard.

<u>Bambino – Curiosità</u> [A 2, 17, 18]

Un dito indice tenuto alla bocca rappresenta il nutrimento della conoscenza: uno stato di sviluppo dell'evoluzione.

Clemente Alessandrino, nei suoi *Stromata*, Libro V, Capitolo VII, scrisse:

"Un giovane [nei geroglifici egiziani] *è il simbolo di fecondità".*

<u>Braccia legate</u> [A 13]

Come sempre, dovremmo guardare alla figura retorica – *"Ho le mani/ braccia legate".* Questa immagine geroglifica rappresenta l'incapacità di agire – innocuo – bloccato – sotto controllo ecc.

<u>Donna e bambino</u> [B 5-6]

La Madonna e il bambino sono presenti nell'Antico Egitto sin dalla notte dei tempi, perché si tratta dell'allegoria di Iside, la Vergine Madre egizia, e di suo figlio Horus. Di conseguenza, questo simbolo è ricco di significati incentrati sulla creazione stessa.

Molte altre informazioni sulle divinità si possono trovare nel libro *Egyptian Divinities* di Moustafa Gadalla.

<u>Pastore</u> [*neter/netert* (dei, dee) a sedere] [A 40-49, B 1-7, 9-10, 12, 17]

Il pastore rappresenta la divinità nell'uomo.

Ogni figura di pastore rappresenta uno specifico aspetto/ruolo/concetto nel processo di creazione e nella sua gestione.

Per informazioni più dettagliate si vedano *Cosmologia egizia* e *Egyptian Divinities* di Moustafa Gadalla.

<u>Seduto senza sedile</u> [A 17-18]

Il sedile conferisce legittimità e autorità, come un trono.

L'assenza di un sedile ha il significato opposto.

Seduto su un sedile [A 50-51]

Il sedile conferisce legittimità e autorità – come un trono.

Si veda anche il simbolo geroglifico "Sedile" nel Capitolo 8 di questo libro.

Uomo anziano con bastone [A 19-20]

Nei suoi *Moralia*, Volume V, Plutarco afferma:

> *"Il vecchio* [nei geroglifici egiziani]*è simbolo della morte…"*.

Clemente Alessandrino, nei suoi *Stromata*, Libro V, Capitolo VII, scrisse:

> *"Un vecchio* [nei geroglifici egiziani]*, questo è il simbolo della morte"*.

Uomo con bastone [A 21-26]

Un uomo con un bastone ha molti significati, a seconda della posizione del bastone e del contesto.

Il bastone rappresenta il concetto di negazione, con tutto ciò che implica.

Pensiamo a esempi di simili usi figurativi del termine "bastone" nella lingua italiana, ad esempio:

> *"Usare il bastone e la carota"*, *"Mettere i bastoni tra le ruote"*, *"Lavorare di bastone"*.

CAPITOLO 6 : LE IMMAGINI GEROGLIFICHE DI PARTI DEL CORPO UMANO

6.1 IL SIGNIFICATO METAFISICO DELLE IMMAGINI DI PARTI DEL CORPO UMANO

È un istinto umano diffuso in tutto il mondo quello di usare un organo/parte umana per descrivere un aspetto metafisico. I testi e i simboli dell'Antico Egitto sono permeati di questa comprensione completa che l'uomo (nel suo complesso e in ciascuna delle sue parti) sia l'immagine dell'universo (nel suo complesso e in ciascuna delle sue parti).

Per gli antichi Egizi, l'uomo, in quanto universo in miniatura, rappresenta le immagini create di tutta la creazione. Dal momento che Ra – l'impulso cosmico della creazione – viene chiamato *"L'unito insieme, creatore delle proprie membra"* così l'essere umano (l'immagine della creazione) è similmente *unito insieme*. Il corpo umano è un'unità che consiste di diverse parti, unite tra loro. Nelle *Litanie di Ra*, le parti del corpo dell'uomo divino sono identificate ciascuna con un neter/netert (dio/dea).

Se l'uomo è l'universo in miniatura, allora tutti i fattori nell'essere umano sono duplicati su una scala più grande nell'universo. Tutte le forze e le energie che sono potenti nell'uomo sono in generale potenti anche nell'universo. In base alla consapevolezza cosmica degli Egizi, si crede che ogni azione eseguita dall'uomo sia collegata a un modello più ampio nell'universo, compreso starnutire, sbattere le palpebre, sputare, gridare, piangere, ballare, giocare, mangiare, bere, e avere rapporti sessuali.

Per gli antichi Egizi, l'uomo era l'incarnazione delle leggi della creazione. In quanto tale, le funzioni e i processi fisiologici delle varie parti del corpo erano visti come manifestazioni delle funzioni cosmiche. Oltre a uno scopo fisico, le membra e gli organi avevano una funzione metafisica. Le parti del corpo erano consacrate a uno dei Neteru (principi divini), cosa che si ritrova nella documentazione egiziana recuperata nel corso della storia. Ecco altri esempi oltre alle *Litanie di Ra*:

La dichiarazione 215 paragrafo 148-149, che si trova nella Camera del sarcofago della piramide di Unis (piramide di calcinacci) a Saqqara, identifica ciascuna parte del corpo (testa, naso, denti, braccia, gambe ecc.) con i Neteru divini.

La tua testa è quella di Horus

...

Il tuo naso è Anubis

I tuoi denti sono Sopdu

le tue braccia sono Hapi e sono Duamutef,

...

le tue gambe sono Imset e Qebehsenuf,

...

Tutte le tue membra sono i gemelli di Atum.

Dal *Papiro di Ani* [tav. 32, cap. 42]:

«I miei capelli sono Nun; il mio volto è Ra; i miei occhi sono Hathor; le mie orecchie sono Wepwawet; il mio naso è colei che presiede la foglia di loto; le mie labbra sono Anubi; i miei molari sono Selket; i miei incisivi sono Iside; le mie braccia sono l'Ariete, il Signore di Mendes; il mio seno è Neith; la mia schiena è Seth; il mio fallo è Osiride; ...La mia pancia e la mia schiena sono Sekhmet; il mio sedere è l'occhio di Horus; le mie cosce e i miei polpacci sono Nut; i miei piedi sono Ptah; ...Non esiste in me un organo privo di un Neter (dio), e Thot è la protezione della mia carne».

Questo testo non lascia dubbi sulla divinità di ciascuna parte del corpo umano:

Non esiste in me un organo privo di un Neter (dio, dea).

6.2 ESEMPI DI IMMAGINI GEROGLIFICHE EGIZIANE ASSOCIATE

Le immagini geroglifiche egiziane associate agli organi e alle parti del corpo umano si trovano nella sezione D della *Lista dei geroglifici* standard [disponibile in Internet].

La funzione principale degli ideogrammi egiziani è di rappresentare pensieri. Ciò implica la necessità di ricercare sia il Figurativo (un oggetto rappresenta una delle sue qualità) che l'Allegorico (un oggetto è collegato tramite processi concettuali enigmatici).

Dobbiamo sempre tenere presente le relazioni tra le forme visive e il loro significato. Una forma visiva può essere mimetica o imitativa, se copia direttamente le caratteristiche dell'oggetto che rappresenta; può essere associativa, e suggerire attributi che non sono visivamente presenti come le proprietà astratte che non si possono rappresentare in modo letterale; e infine può essere simbolica, significativa solo se decodificata secondo convenzioni o sistemi di conoscenza che, sebbene non intrinsecamente visivi, vengono comunicati attraverso mezzi visivi.

Quella che segue è una selezione di immagini geroglifiche egiziane con pittogrammi relativi a parti del corpo umano, accompagnate da un esame molto sintetico delle funzioni/attributi metafisici di ciascuno. È sempre utile considerare questi pittogrammi delle "figure retoriche" legate a ogni immagine, per riconoscerne la natura/comportamento/caratteristiche/attributi.

Bocca [D 21] bocca [D 22] Segno 2/3

Il segno geroglifico noto come "bocca di Ra" denota unità.

Congiuntamente a tutto il sistema metrologico basato sulla figura umana, in Egitto una frazione – qualunque essa sia – non può essere che una frazione di unità. Da un punto di vista esoterico, poiché tutti i numeri devono essere considerati come divisioni dell'unità, il rapporto matematico di un numero rispetto all'unità è indicativo della sua natura.

Gli antichi Egizi rappresentavano le frazioni – ovvero con un numeratore di 1 – disegnando la bocca di Ra come numeratore e i segni di unità al di sotto come denominatore.

Il segno della "bocca" rappresenta il segno della frazione: il rapporto tra 1 (intero) e la parte (frazione).

Per scrivere 1/7, gli Egizi scrivevano semplicemente il numero 7 in forma capovolta sotto il simbolo della bocca di Ra.

Un settimo viene chiamato Ra-Sefhet = *"bocca di sette"*. Il glifo si può tradurre come *"Uno che emette sette"*.

Nell'Antico Egitto, le parole di Ra, rivelate attraverso Thot, divennero le parti (frazioni) del mondo.

I testi egiziani affermano che l'universo creato proviene dalla bocca (di Ra), e la bocca è il simbolo dell'Unità – l'Uno – nei geroglifici.

Braccia [D 35–45] braccio e mano – [D 28] Ka

Un certo numero di simboli geroglifici presentano delle varianti dell'avambraccio insieme con la mano – in diverse posizioni e gesti, come ad esempio:

– a 90 gradi o gomito piegato

– mani aperte, chiuse, a pugno, con il palmo rivolto verso il basso/ alto ecc.

Il simbolo del braccio intero (non solo dell'avambraccio) e della mano può avere molti significati:

1. Arto superiore del corpo umano

2. L'avambraccio significa lavoro, forza ecc.

3. Potere, sequestrare, controllare: "il lungo braccio della legge"

4. Forza – in senso terreno: armi, ramo militare; equipaggiare con accessori necessari per operazioni/guerra; iniziare una controversia.

In Egitto, tutto il sistema metrologico si basava sulla figura umana, con unità derivate da una lunghezza ideale dell'arto. La principale misura lineare standard era il cubito: la lunghezza dell'avambraccio dal gomito alla punta del dito medio, ulteriormente divisa in 7 larghezze della mano/palmi di quattro cifre (dita) ciascuna, oppure 28 cifre totali. Un cubito egiziano corrisponde a 0,5236 m.

Il Ka [D 28] è ritratto con un paio di braccia tese verso il cielo. Il Ka è fondamentalmente uno dei nove principali componenti metafisici dell'uomo. Il Ka è la combinazione di diversi sottocomponenti intrecciati. È equiparato a ciò che descriviamo come *personalità*. Il Ka non muore con il corpo mortale, sebbene possa dividersi nei suoi numerosi sottocomponenti.

<u>Cuore</u> [F 34]

Il cuore era/è considerato un simbolo delle percezioni intellettuali, della coscienza e del coraggio morale.

Il cuore e la lingua si completano a vicenda, come chiaramente affermato dalla Stele di Shabaka (716-701 p.e.v.), che è una riproduzione risalente alla III Dinastia:

"Il cuore tutto pensa, e la lingua ordina tutto ciò che desidera".

Durante il processo del Giorno del giudizio, il cuore, come metafora della coscienza, viene pesato con la piuma della verità, per determinare il destino del defunto.

<u>Dita</u> [D 50-51] – Ogni dito era associato ad alcuni attributi planetari e cosmici/naturali.

Il pollice e la sua posizione rispetto alle quattro dita sono di fondamentale importanza. La posizione più naturale per il pollice del neonato è di essere chiuso nel pugno. Questo implica l'assenza di qualsiasi forma di espressione.

Il pollice è la copia perfetta dell'essere. Nascondere il **pollice** significa nascondere la forza, l'essenza dell'essere. Nasconderlo indica un desiderio di protezione e dipendenza da altri poteri. È il gesto preferito di chi fugge dalla realtà, della persona rassegnata che si è "arresa".

La posizione opposta a quella del **"pollice rinchiuso nel pugno"** è quella del pollice che si estende dal palmo. Se forma un angolo retto preciso con l'indice, significa piena consapevolezza.

Questo gesto è indicativo della capacità di dirigere e di avere il comando sulle altre cose.

Esistono molte **varianti delle posizioni del pollice** tra i due estremi del pollice nascosto e del pollice nella sua posizione ad angolo retto rispetto all'indice.

Il pollice si trova spesso in una posizione particolare rispetto alle quattro dita quando formano un pugno.

Il **pollice rappresenta** l'intelletto in contrasto con le dita, il luogo simbolico delle emozioni. Quando il pollice è appoggiato comodamente accanto alle dita serrate, tale gesto significa che la "mente" domina "l'emozione".

L'indice, vicino al pollice, è l'unico che mostra indipendenza di movimento e un potere fortemente dimostrativo e persuasivo. La forza di questo dito sta nella sua appartenenza alla parte motoria attiva della mano. È il migliore e il più utile assistente del pollice. La loro collaborazione ci consente di misurare il volume, quantità e spazio, e di "gestire" la maggior parte delle attività che sono dirette da abilità mentali o fisiche.

In sintesi: ogni dito possiede proprie caratteristiche e un suo significato metafisico – lo stesso vale per una combinazione di due o più dita.

Attraverso il senso del tatto, vengono prodotte le immagini che intensificano per noi la comprensione dell'oggetto. Un altro incentivo convincente a toccare illustra la connessione diretta di questo senso con il nostro sistema nervoso e il cervello.

Per informazioni sul ruolo delle mani e delle dita nella musica, si legga *The Enduring Ancient Egyptian Musical System* di Moustafa Gadalla.

<u>Fallo</u> [D 52-53]

Un fallo eretto rappresenta il potere della generazione, o la forza riproduttiva della natura. Una scelta ovvia per rappresentare il concetto di fertilità in una forma visiva.

<u>Gambe</u> [D 54-60]

Le gambe umane [dalla parte superiore della coscia al piede] servono sia come supporto che come mobilità della parte superiore del corpo. Le gambe, quindi, possono significare sia la staticità/permanenza che il movimento dinamico/attivo.

La gamba indica molti aspetti legali quali schierarsi/stare/posizione, il diritto legale/eredità, i diritti ancestrali/leggendari ecc. Questa interpretazione non è propria della cultura egiziana, ma è radicata nella natura umana. Ci sono molti significati in italiano per le frasi che iniziano o si riferiscono ai significati simbolici della gamba:

– *"camminare con le proprie gambe"* (essere autosufficienti)

– *"essere di gamba lesta"* (procedere rapidamente verso un obiettivo)

– *"avere le gambe corte"* (avere scarsa possibilità di successo"

– *"tagliare le gambe"* (togliere la possibilità di agire)

– *"andare gambe all'aria"* (perdita totale, fallimento, rovina)

I simboli geroglifici per le gambe umane rientrano in tre categorie di base:

1. Due gambe che camminano [movimento] – [D 54-55] rappresenta la capacità di venire, andare, avanti, indietro ecc.

2. Una gamba più bassa [verticale] con una coscia piegata – [D 56-57]

– Rappresenta il movimento

– Ginocchia che si piegano = il movimento è possibile.

– Piegare – con coltello = dispiegare – non oltrepassare – con tutto ciò che implica.

3. Una gamba più bassa [verticale] senza coscia [piede] – [D 58-60]

– Raddrizzato [ginocchia] immobilità – stare fermi = posizione ecc.

<u>Genitali femminili</u> [V 39]

Iside rappresenta il principio femminile della natura.

Il suo simbolo era chiamato "nodo di Iside" e "il sangue di Iside", rappresentato a forma di genitali femminili stilizzati.

Questo simbolo femminile si trova sempre vicino al pilastro Djed di Osiride – il simbolo fallico maschile – per significare la natura binaria della vita.

<u>Mano e dita</u> [D 46-49] <u>Mano</u> [D 50-51] Dita

Precedentemente in questo capitolo abbiamo evidenziato i particolari significati metafisici delle varianti dell'avambraccio con la mano – le diversi posizioni, i gesti ecc. La nostra attenzione in quella sede era per l'avambraccio. Qui ci concentreremo sulla mano [D 46-49] e sulle dita [D 50-51].

Un certo numero di simboli geroglifici presentano delle varianti della mano – diverse posizioni e gesti, come ad esempio mani aperte, chiuse, a pugno, con il palmo rivolto verso il basso/alto ecc.

La mano simboleggiava/simboleggia diversi concetti, uno dei quali è l'azione, e quindi la creazione e il potere creativo latente.

La mano simboleggia il principio femminile.

Il ruolo della mano amorevole è stato riconosciuto dalla maggior parte culture, perché quando un uomo vuole sposarsi, chiede al padre della ragazza la sua mano.

In tutte le epoche e tra tutti i popoli, la mano è stata il simbolo della forza e della potenza, e l'immagine della mano è stata considerata una rappresentazione di Dio. Nel testo egiziano del *Libro delle Porte*, sulla bara di alabastro di Seti I, la *"Grande Mano"* significa *"il Supremo potere che governa il cielo e la terra."*

Una **mano chiusa con il solo primo dito esteso** era considerata una protezione sicura contro l'Occhio del Male.

Un pugno **"serrato"** significa compressione, determinazione, oppressione, ecc. Il significato specifico dipende dal contesto/ambientazione del testo.

Il significato della mano destra e di quella sinistra – Diodoro Siculo trattò i significati metafisici delle mani nell'Antico Egitto:

"La mano destra colle dita stese vuole indicare la somministrazione di vettovaglie; e la sinistra chiusa la conservazione e custodia degli averi".

Una mano destra attiva simboleggia il dare. Una mano sinistra attiva significa ricevere.

Occhio e le sue parti [D4-17]

Ci sono diverse immagini geroglifiche che presentano variazioni del simbolo dell'occhio [D4-10] e delle sue parti [D11-17].

1. L'occhio è la parte del corpo in grado di percepire la luce, ed è quindi il simbolo dell'abilità spirituale.

Uno dei testi del *Libro egiziano delle Caverne* descrive i non illuminati:

"Sono così quelli che non vedono il Grande Dio, che non percepiscono i raggi del suo disco, le cui anime non lasciano la terra, che non ascoltano le parole di questo Grande Dio quando passa vicino alla loro caverna".

La descrizione è molto simile ai riferimenti del Vangelo a coloro che hanno *"occhi per vedere e orecchie per sentire"*.

2. L'occhio destro simboleggia il principio solare mentre quello sinistro simboleggia il principio lunare. I due occhi insieme sono il simbolo dell'unità totale dei principi duplici della creazione.

3.*"L'occhio (per gli Egizi), conservatore della giustizia e custode del corpo"*, come riportato da Diodoro Siculo.

Parti dell'occhio [D 11-17] – Congiuntamente all'intero sistema metrologico basato sulla figura umana, in Egitto le sezioni dell'occhio rappresentano i glifi per le frazioni da 1/2 a 1/64.

Orecchie [D 18]

Le orecchie significano udito e assumono un significato metafisico più ampio di riconoscimento, apprendimento e comprensione. Uno dei testi del *Libro egiziano delle Caverne* descrive i non illuminati:

> *"Sono così quelli che non vedono il Grande Dio, che non percepiscono i raggi del suo disco, le cui anime non lasciano la terra, che non ascoltano le parole di questo Grande Dio quando passa vicino alla loro caverna".*

La descrizione è molto simile ai riferimenti del Vangelo a quelli con *"avere occhi per vedere e orecchie per sentire".*

<u>Testa</u> [D 1]

La testa significa l'intero essere – il capo – il primo.

Quando utilizziamo espressioni come *"Usare la propria testa"*, vogliamo intendere l'intelletto, la logica ecc.

CAPITOLO 7 : LE IMMAGINI GEROGLIFICHE DELLA NATURA E DELLE FIGURE GEOMETRICHE

7.1 ESEMPI DI IMMAGINI GEROGLIFICHE EGIZIANE ASSOCIATE

La funzione principale degli ideogrammi egiziani è di rappresentare pensieri. Ciò implica la necessità di ricercare sia il Figurativo (un oggetto rappresenta una delle sue qualità) che l'Allegorico (un oggetto è collegato tramite processi concettuali enigmatici).

Dobbiamo sempre tenere presente le relazioni tra le forme visive e il loro significato. Una forma visiva può essere mimetica o imitativa, se copia direttamente le caratteristiche dell'oggetto che rappresenta; può essere associativa, e suggerire attributi che non sono visivamente presenti come le proprietà astratte che non si possono rappresentare in modo letterale; e infine può essere simbolica, significativa solo se decodificata secondo convenzioni o sistemi di conoscenza che, sebbene non intrinsecamente visivi, vengono comunicati attraverso mezzi visivi.

Le immagini geroglifiche egiziane relative alla natura e alle figure geometriche non classificate si trovano nelle sezioni M N O V X X Z Aa della *Lista dei geroglifici* standard [disponibile in Internet].

Quella che segue è una selezione di immagini geroglifiche egiziane con pittogrammi relativi alla natura e alle figure geometriche, accompagnate da un esame molto sintetico delle funzioni/attributi metafisici di ciascuno. È sempre utile considerare questi pittogrammi delle "figure retoriche" legate a ogni immagine, per riconoscerne la natura/comportamento/caratteristiche

<u>Alberi</u> [M 1]

L'albero simboleggia TUTTI gli aspetti del ciclo della creazione – sia l'emanazione dell'unità originale che il ritorno finale di tutte le cose all'unità originale.

L'Albero della vita collega i cieli, la terra e tutto ciò è nascosto e cresce sottoterra.

Ci sono diversi tipi di alberi, ciascuno con il suo significato metafisico:

1. Gli Egizi credevano che alcune divinità avessero la loro dimora sugli alberi, e molti alberi erano considerati sacri.

La più importante divinità femminile dell'albero è Hathor.

A sostegno dell'importanza dell'albero di Hathor, Plutarco afferma nei *Moralia* Volume V (378, 68 G):

> *"Tra le piante che crescono in Egitto, essi dicono che il pesco in particolar modo è consacrato alla dea (Hathor), poiché il suo frutto è simile a un cuore e la sua foglia a una lingua".*

La legge universale di causa ed effetto, simboleggiata dalle funzioni del cuore e della lingua, si trova nella stele egizia di Shabaka (716-701 a.C.), e recita:

> *"La lingua e il cuore sono venuti in essere con supremazia… sui Neteru* (dei, dee), *l'umanità tutta, tutto il bestiame, ogni essere strisciante, ogni essere vivente, pensando (con il cuore) e comandando (con la lingua) ogni cosa che egli desidera".*

L'associazione del cuore e della lingua si applica ugualmente a tutti gli aspetti dell'esistenza dell'Antico Egitto.

2. L'anima realizzata raggiungerà l'immortalità e sarà conservata nell'Albero della vita.

Possiamo leggere del significato dell'immortale Albero della vita addirittura dai tempi del faraone egiziano Pepi, più di 4.300 anni fa. Il testo del capitolo 20 sulla sua tomba recita:

"Questo Pepi si recò al Grande Lago di Sekhet-Hetep, presso cui si trovano i grandi dei. I Grandi della Stella Imperitura danno a Pepi l'Albero per mezzo della quale essi vivono, cosicché anch'egli possa vivere con loro".

Boccioli – (Aperti e chiusi) [M 8 15 16]

Associati erroneamente alle *piante di loto e papiro*. Non avevano niente a che fare con le piante di loto e di papiro, poiché queste due forme si trovano, alternativamente, in tutte le rappresentazioni di paludi ecc.

Non si tratta di due piante ma di una singola pianta con forme aperte e chiuse (la ninfea egiziana, infatti, di notte si chiude e resta sommersa nell'acqua, per riapparire e schiudersi all'alba). Era un simbolo naturale del sole e della creazione.

La forma chiusa rappresenta lo stato metafisico – nascosto – non manifesto.

La forma aperta rappresenta lo stato fisico – manifesto.

La forma di bocciolo aperto evoca sempre il rinnovamento e la rinascita, come nel caso di Nefertum. I testi dell'Antico Egitto descrivono Nefertum come colui che rinasce ogni mattina dal loto.

Già 4.400 anni fa, leggiamo, nei testi comunemente noti come *Testi delle Piramidi* a proposito del faraone Unis:

"Si alza come Nefertum dal loto, quando sale all'orizzonte tutti i giorni".

Nefertum sorge da un bocciolo aperto – rinnovamento – rinascita.

Cerchio e sue parti

Il cerchio, le porzioni/i segmenti e le varianti del cerchio si trovano in molti simboli geroglifici. Qui tratteremo il significato metafisico dei seguenti elementi:

1. il cerchio completo

2. la metà superiore del cerchio

3. il segno Neb

1. Un cerchio con al centro un punto o un segno circolare molto piccolo[N-33]

La forza creativa cosmica, Ra, si scrive con un cerchio con al centro un punto o un segno circolare molto piccolo.

È un cerchio che si muove all'interno di un altro cerchio, unico e solitario.

Il cerchio rappresenta simbolicamente l'Assoluto o l'Unità indifferenziata. Il cerchio, in modo abbastanza appropriato, è l'archetipo universale della creazione.

2. Metà superiore del cerchio[X 1]

La metà superiore del cerchio archetipico rappresenta la manifestazione fisica della creazione.

3. Segno Neb[O 30]

Neb è un termine dell'Antico Egitto che significa oro (tradizionalmente il prodotto finale perfetto, obiettivo dell'alchimista), Signore, maestro, tutto, affermazione e purezza.

Il geroglifico che indica Neb è il segmento di un cerchio, il cui angolo centrale è di 140 gradi. Il rapporto tra questo angolo e l'intero cerchio (lunghezza dell'arco per la circonferenza completa) = 0,3889, che costituisce la seconda potenza di 0,625. La seconda potenza costituisce spiritualmente il raggiungimento di un livello superiore. Neb significa proprio questo.

Il rapporto 0,625 veniva usato in progettazione nell'Antico Egitto come rapporto di 5:8, e questi numeri [5 e 8] sono numeri importanti nella successione numerica (detta di Fibonacci), come nella Proporzione Neb (aurea).

Cielo/firmamento [N 1]

Il firmamento noto come cielo è descritto nell'Antico Egitto come il cielo visto poeticamente come un solido arco o una volta. I testi dell'Antico Egitto descrivono Iside come:

Regina del cielo

Regina del firmamento

Nel suo ruolo di firmamento, Iside viene identificata come Nut, rappresentando i cieli come un soffitto fisico, una volta.

<u>Sole e Luna</u> [Principi solari e lunari] [N 5-12]

Diversi simboli geroglifici [N 5-12] rappresentano i principi solari e lunari e le loro relative interazioni/relazioni, come evidenziato dal sole e dalla luna.

Per gli Egizi, il sole e la luna forniscono più dell'illuminazione di giorno e di notte. I loro importanti ruoli sono stati spiegati da Diodoro Siculo nel suo *Libro I* [11. 5-6]:

> *"Questi due Neteru (Iside e Osiride) governano l'universo mondo, nutrendo, ed aumentando tutte le cose...".*

Poi Diodoro spiega in questo modo i ragionamenti degli Antichi Egizi sul significato del sole e della luna nell'esistenza universale:

> *"Dicono ancora, che la natura di questi due Neteru (dei), Iside e Osiride, assaissimo concorre alla generazione di tutte le cose, presiedendo essi il sole e la luna. Il sole presiedendo al fuoco e al vento, la luna all'umido e al secco, ed entrambi poi egualmente all'aria; e per opera di questi tutte le cose generarsi ed alimentarsi.*

> *Onde tutto il corso della natura viene dal sole e dalla luna compiuto; le cui cinque parti indicate già, il vento, il fuoco, la siccità, l'umidità, e, infine, la natura aerea, compongono il corpo del mondo, nel modo stesso, che quello dell'uomo è composto di testa, di mani, di piedi, e d'altre parti".*

<u>Spirale</u> [Z 7]

Le spirali – sole o incorporate in altre forme – sono uno dei geroglifici più utilizzati dell'Antico Egitto.

L'uso abbondante di spirali nell'Antico Egitto è indicativo delle loro rappresentazioni di tutti i modelli di crescita nell'universo.

La spirale in natura è il risultato di una crescita proporzionale costante. In matematica, questo tipo di spirale è noto come angolo costante o spirale logaritmica. L'espansione logaritmica è la base della geometria delle spirali. I feti dell'uomo e degli animali, che sono la manifestazione delle leggi della generazione, sono modellati come la spirale logaritmica. Le manifestazioni delle spirali sono evidenti nella crescita dei vegetali e delle conchiglie, le ragnatele dei ragni, il corno del bighorn bianco, la traiettoria di molte particelle subatomiche, la forza nucleare degli atomi, la doppia elica del DNA e, soprattutto, in molte galassie. Anche gli schemi del regno mentale sono generati da movimenti a spirale.

La spirale logaritmica è presente sulla corona rossa dell'Antico Egitto. Questa corona rappresenta il principio solare (in un'accezione più vasta rispetto al sole) che è la matrice generativa chiamata Ra.

Lo troviamo anche nel corpo a spirale di un cobra che rappresenta il principio divino femminile – Netert (dea) –, per rappresentare il potere potenziale attivo nell'universo.

Stella [N 14-15]

La stella egiziana a cinque punte forma gli angoli del pentagono che è armonicamente inscritto nel Sacro Disco di Ra. La stella era il simbolo egiziano sia del destino che del numero cinque. Le stelle a cinque punte rappresentavano le case delle anime defunte, come evidenziato dai *Testi di Unis* (erroneamente conosciuti come *Testi delle Piramidi*) al verso 904:

"essere un'anima come una stella vivente".

Superficie dell'acqua [N 35]

L'acqua è la fonte di vita e di rianimazione, ma anche di pulizia – purificazione.

Una superficie d'acqua [N 35] significa un livello di consapevolezza. Una consapevolezza nuova/aumentata equivale a un nuovo risveglio. Nelle tradizioni sufiche, ogni livello di consapevolezza è definito come morte-rinascita. Lo stesso pensiero ha pervaso l'Antico (e l'odierno) Egitto, dove la nascita e la rinascita sono un tema costante. La parola morte è usata in senso figurato. La questione secondo cui l'uomo deve "morire prima di morire" o che debba "rinascere" nella sua vita attuale viene vissuta in modo simbolico, o commemorata con un rituale. Con questo rituale, il candidato deve affrontare alcune specifiche esperienze (tecnicamente definite "morti"). Un buon esempio è il Battesimo, che era l'obiettivo principale della Pasqua, dopo il periodo di Quaresima – rappresentando la morte del vecchio io con l'immersione nell'acqua, e la nascita del nuovo/ rinnovato io attraverso la riemersione.

<u>**Tre superfici d'acqua**</u> [**N 35**] indicano i tre livelli di consapevolezza associati a Thot.

I tre livelli di consapevolezza nelle tradizioni mistiche egiziane sono:

1. Il processo di purificazione del corpo e dell'anima.

2. L'acquisizione della conoscenza sia attraverso l'intelletto che l'intuizione (rivelazione).

3. La scomparsa nell'Essenza Divina mediante la cessazione di tutto il pensiero cosciente.

Per maggiori dettagli si legga *Mistici egizi: Cercatori della Via* dello stesso autore.

Per ulteriori informazioni sugli aspetti metafisici delle forme geometriche e sulla geometria sacra, si veda *Ancient Egyptian Metaphysical Architecture* di Moustafa Gadalla.

<u>**Triangoli**</u> [varie forme]

Nei geroglifici egiziani si trovano diverse forme di triangoli.

Per gli antichi Egizi, Tre/Triadi/Trinità/Triangoli sono la stessa cosa. Non vi era differenza tra triangoli geometrici, triadi musicali o una qualsiasi delle molte trinità dell'Antico Egitto. Il ruolo fisico e metafisico del Tre è riconosciuto nelle molte trinità dell'Antico Egitto.

L'esempio più evidente è stato spiegato da Plutarco nel V Volume dei *Moralia* e riguarda il triangolo 3: 4: 5:

> *«Si potrebbe congetturare che gli Egizi abbiano nel più alto onore il più bello dei triangoli, poiché essi gli fanno assomigliare la natura dell'Universo…».*

In altre parole, i triangoli nelle loro diverse forme rappresentano le diverse nature dell'universo.

Il triangolo 3: 4: 5, il cui rapporto tra altezza e base è come quello tra 3 e 4, fu chiamato da Plutarco "Triangolo di Osiride". Chiamarlo triangolo di Pitagora è una menzogna storica. Veniva usato nell'Antico Egitto migliaia di anni prima della nascita di Pitagora. Dalla seguente testimonianza di Plutarco risulta molto chiaramente che gli antichi Egizi sapevano che 3: 4: 5 è un triangolo ad angolo retto, poiché il 3 è definito verticale e il 4 è la base, formando un angolo di 90 gradi.

Plutarco parlò del triangolo 3: 4: 5 degli antichi Egizi nel V Volume dei suoi *Moralia*:

> *"Si potrebbe congetturare che gli Egizi abbiano nel più alto onore il più bello dei triangoli, poiché essi gli fanno assomigliare la natura dell'Universo, come Platone, nella Repubblica sembra averne fatto uso nel formulare graficamente il concetto delle nozze.*
>
> *Questo triangolo ha la sua altezza di tre unità; la sua base di quattro e l'ipotenusa di cinque, la cui potenza è uguale a quella degli altri due lati che lo abbracciano. L'altezza, allora, può essere assomigliata al maschio, la base alla femmina, e l'ipotenusa al figlio di entrambi; e così Osiride può esser riguardato come l'origine, Iside come il ricettacolo, Horos come il risultato perfetto. In realtà tre è il primo numero impari e perfetto; il quattro è un quadrato la cui base è il primo pari, due; il cinque è in qualche modo simile al padre e in qualche modo simile alla madre, composto com'è dal tre e dal due; di più 'panta' (tutte le cose) è derivato da 'pente' (cinque); ed essi esprimono il 'calcolare' attraverso il 'contare per cinque elevato al quadrato".*

La vitalità e le interazioni tra questi numeri mostrano come essi siano maschili e femminili, attivi e passivi, verticali e orizzontali ecc.

Nel mondo animato dell'Antico Egitto, i numeri non indicavano semplicemente delle quantità, piuttosto erano considerati definizioni concrete di principi energetici formativi della natura. Gli Egizi chiamavano questi principi energetici Neteru (dei, dee).

Oltre al triangolo 3: 4: 5, notiamo anche un riferimento specifico al triangolo equilatero.

Plutarco, nei suoi *Moralia*, Volume V, parlando dell'Antico Egitto scrisse:

"Quando l'ibis divarica le zampe una opposta all'altra, anche con il becco forma un triangolo equilatero.

L'ibis è l'uccello sacro di Thot, le cui parole crearono il mondo.

CAPITOLO 8 : LE IMMAGINI GEROGLIFICHE DI OGGETTI CREATI DALL'UOMO

8.1 SIGNIFICATO METAFISICO DELLE IMMAGINI DI OGGETTI CREATI DALL'UOMO

Imitare attraverso l'immaginazione significa creare oggetti accuratamente progettati da collocare accanto agli oggetti naturali del mondo. Il metodo della creazione artistica e la forma dell'oggetto creato sono le realizzazioni specificamente umane delle forze creative universali presenti in natura. È attraverso la forza dell'immaginazione che possiamo sentirci collegati, comprensivamente, con la maggiore forza "latente" del cosmo. Creando nuovi oggetti con l'aiuto dell'immaginazione, il mistico non abbandona la realtà per costruire cose aliene e innaturali. L'immaginazione non altera il mondo, ma lo muove in accordo con la natura.

Guidati dai principi della geometria sacra [e dalla sua origine cosmica], i manufatti degli egizi rappresentano pensieri e concetti metafisici.

Nel simbolismo egiziano, il preciso ruolo/funzione o funzioni dei neteru (dei/dee) o degli esseri umani sulla terra sono indicati in molti modi da manufatti umani come un abito, un copricapo, una corona, un colore, un oggetto sacro (per esempio il flagello, lo scettro, il bastone, l'ankh) ecc. Questo linguaggio simbolico rappresenta una ricchezza di dati fisici, fisiologici, psicologici e spirituali nei simboli presentati.

8.2 ESEMPI DI IMMAGINI GEROGLIFICHE EGIZIANE ASSOCIATE

La funzione principale degli ideogrammi egiziani è di rappresentare pensieri.

Ciò implica la necessità di ricercare sia il Figurativo (un oggetto rappresenta una delle sue qualità) che l'Allegorico (un oggetto è collegato tramite processi concettuali enigmatici).

Dobbiamo sempre tenere presente le relazioni tra le forme visive e il loro significato. Una forma visiva può essere mimetica o imitativa, se copia direttamente le caratteristiche dell'oggetto che rappresenta; può essere associativa, e suggerire attributi che non sono visivamente presenti come le proprietà astratte che non si possono rappresentare in modo letterale; e infine può essere simbolica, significativa solo se decodificata secondo convenzioni o sistemi di conoscenza che, sebbene non intrinsecamente visivi, vengono comunicati attraverso mezzi visivi.

Le immagini geroglifiche egiziane relative ai manufatti si trovano nelle sezioni **O-Y** [emblemi, edifici ecc.] della *Lista dei geroglifici* standard [disponibile in Internet].

Quella che segue è una selezione di immagini geroglifiche egiziane con pittogrammi relativi ai manufatti, accompagnate da un esame molto sintetico delle funzioni/attributi metafisici di ciascuno. È sempre utile considerare questi pittogrammi delle "figure retoriche" legate a ogni immagine, per riconoscerne la natura/comportamento/caratteristiche/attributi.

Ankh [S 34]

Rappresenta la vita eterna.

Arca [P 1-4]

Nella tradizione egiziana l'arca (barca) sacra simboleggia il potere dell'autorinnovamento. La barca è considerata un "essere divino che salva dalla morte".

L'arca (barca) sacra era spesso chiamata wts nfrw, *"colei che incrementa la bellezza (del neter)"*.

Si trova sempre un piccolo modello di un'arca/barca nei templi egizi e nei santuari dei santi popolari. L'arca/barca era/è chiamata il "traghetto". La barca, dotata di una sorta di baldacchino, viene collocata sul suo supporto prima dell'inizio della processione, e porta un'effige o un oggetto sacro connesso alla divinità/santo venerato.

Nell'Antico Egitto diverse arche divine (barche) partecipavano alle processioni. L'arca si trovava sopra un piedistallo sul Santo dei Santi nel tempio o nei vari santuari, ed era portata in processione dai sacerdoti in occasione delle feste.

Ascia [T 7]

L'ascia si comprende meglio nella sua forma verbale, sinonimo di modellare, dividere, tagliare, terminare o separare/differenziare ecc.

Attrezzi agricoli [U 1-8]

Gli attrezzi [e le scene] agricoli hanno un significato profondo, proprio come nella parabola biblica *"Quello che l'uomo avrà seminato, quello pure mieterà"*. Sarebbe assurdo considerarlo come un "consiglio agricolo" e non per ciò che è: un messaggio spirituale.

La metafora dell'agricoltura è molto profonda. Rappresenta l'ideale dell'etica del lavoro e della condotta comportamentale.

Bastone [S 38]

Uno degli emblemi di Osiride rappresenta il pastore dell'umanità, con tutto ciò che implica.

Coltello [T 30]

Per tagliare/bloccare/proibire/evitare/boicottare (inteso come ostacolare ed escludere).

Corde – ritorte

Si veda "fare nodi".

Corone [S 1-9]

Le corone, come quelle sulle teste dell'uomo, rappresentano la capacità di differenziarsi e agire. La corona rossa rappresenta il principio solare (in una concezione più ampia del semplice sole), che è la matrice generativa. La corona bianca rappresenta il principio lunare.

Fare nodi [diverse forme nella sezione V della Lista dei geroglifici egizi standard]

I monumenti dell'Antico Egitto mostrano diversi modi di fare nodi.

Fare un nodo, nelle sue diverse applicazioni, simboleggia la riunificazione della duplice natura dell'universo creato.

Flagello [S 45]

Simboleggia la capacità di separare il grano dalla crusca, in senso metafisico.

Letto [A 55]

In tutta la storia egiziana, i letti/feretri nelle tombe e nei templi sono costantemente rappresentati a forma di leone.

Il letto/feretro rappresentava la morte e la risurrezione.

Osiride simboleggia la morte e la risurrezione.

Uno dei titoli di Osiride era *Il Leone*.

La parola egiziana per leone è **SaBA**, la stessa che indica il numero sette.

Il numero ciclico universale per eccellenza è il SETTE e Osiride rappresenta l'aspetto ciclico dell'universo.

Osiride è collegato al numero sette e ai suoi multipli.

Poiché Osiride rappresenta il potere latente della risurrezione che inizia un nuovo ciclo, gli Egizi raffiguravano il letto di morte a forma di leone – ovvero il numero sette, Osiride.

Siccome tutti – uomini e donne, ricchi e poveri – sono Osiride nel momento della morte, il loro letto di MORTE (per così dire) rappresenta il leone – il numero sette; il ritorno alla fonte.

Pigiatura del vino [M 43]

Le scene di vino e uva simboleggiano la spiritualizzazione.

Le pareti delle tombe dell'antico Egitto mostrano viticoltori che spremono nuovo vino. Ovunque la vinificazione è una metafora costante dei processi spirituali e dei temi della trasformazione e della forza interiore.

Il processo di vinificazione della coltivazione, raccolta, pressatura e fermentazione è una metafora dei processi spirituali.

Nei testi egiziani, Osiride era raffigurato come La Vite.

L'anima, o la parte del suo dio interiore, causa la fermentazione del divino nel corpo della vita. Si sviluppa là, come nella vite, grazie al sole del sé spirituale dell'uomo. La potenza fermentata del vino era, al suo massimo livello spirituale, un simbolo della presenza del dio incarnato nella persona spiritualmente consapevole.

Pilastro Djed [R 11]

Il pilastro Djed è un albero della vita "rovesciato" che scaturisce dalla fonte. È il simbolo del Divino Osiride, che venne sulla Terra e poi tornò in cielo.

Il pilastro Djed è la colonna vertebrale della creazione, associato a Osiride come suo simbolo sacro. L'elemento più significativo del Djed è l'aspetto vertebrale della rete neurologica della vita, negli esseri umani e negli alberi.

I 7 centri del pilastro Djed rappresentano il 7 pioli metaforici della scala, che conducono dalla materia allo spirito. Poiché l'uomo è un microcosmo del modello cosmico, il Djed rappresenta un microcosmo della cosmologia universale.

Il pilastro Djed rappresenta il tronco tagliato di un cedro, che simboleggia la possibilità di una vita rinnovata.

L'erezione simbolica del pilastro Djed rappresenta l'essenza del pilastro come simbolo di stabilità.

Dal momento che il Pilastro Djed rappresenta la vita rinnovata, esso appare quasi sempre, insieme al simbolo di Iside, in tutte le tombe e nella maggior parte dei templi, se non in tutti. Il simbolo di Iside era chiamato Thet, il cui suono è molto simile a Tet, il simbolo di Osiride.

Oltre all'evidente aspetto fallico del pilastro Djed, esso rappresenta il sacro di Osiride, cioè la parte della schiena vicina al condotto dello sperma (che simboleggiava il seme di Osiride). Era naturale, quindi, rappresentare gli organi genitali di Iside come amuleto integrativo, perché tramite i due amuleti venivano simboleggiati i poteri procreativi dell'uomo e della donna.

Scala [U 38]

Diversi significati possibili come: giustizia, armonia, equilibrio, saggio (saggezza) ecc.

Scettro [S 42]

Simboleggia la supremazia della mente sulla materia.

Scettro uas [S 40]

Rappresenta il potere, il dominio, l'autorità, cioè il completo autocontrollo.

Seggio [Q 1]

Il seggio si identifica con Iside come legittima fonte di autorità.

Tale significato si trova ovunque, per esempio il seggio del governo, presiedere l'assise (cioè la "seduta") ecc.

Iside, in egiziano, significa sedile/trono, che simboleggia il principio matrilineare/matriarcale della società dell'Antico Egitto. Iside viene sempre raffigurata con un trono sulla testa. Pertanto Iside rappresenta il principio di legittimità, il trono reale fisico.

Iside è il sedile che dà a suo marito Osiride il potere divino da governare. Osiride si scrive con il glifo del trono e dell'occhio, associando i concetti di legittimità e divinità.

BIBLIOGRAFIA SELEZIONATA

Baines, John and Jaromir Málek, *Atlas of Ancient Egypt*, New York, 1994.

Breasted, James Henry, *Ancient Records of Egypt*, 3 Volumi, Chicago, Stati Uniti, 1927.

Budge, Sir E.A. Wallis,
– *Amulets and Superstitions*, New York, 1978.
– *Cleopatra's Needles and Other Egyptian Obelisks*, Londra, 1926.
– *The Decrees of Memphis and Canopis,* 3 Volumi, Londra, 1904.
– *Egyptian Language, Easy Lessons in Egyptian Hieroglyphics*, New York, 1983.
– *Egyptian Magic*, New York, 1971.
– *Egyptian Religion: Egyptian Ideas of the Future Life*, Londra, 1975.
– *From Fetish to God in Ancient Egypt*, Londra, 1934.
– *The Gods of the Egyptians*, 2 Volumi, New York, 1969.
– *Osiris & The Egyptian Resurrection*, 2 Volumi, New York, 1973.

Clemente Alessandrino, *Stromata Book V*, capitolo IV [www.piney.com/ Clement-Stromata-Five.html]

Davies, W.V., *Egyptian Hieroglyphs*, Londra, 1989.

Diodoro Siculo, *Books I, II, & IV*, tr. di C.H. Oldfather, Londra, 1964.

Drucker, Johanna, *The Alphabetic Labyrinth*, New York, 1995.

Egyptian Book of the Dead (*The Book of Going Forth by Day*), The Papyrus of Ani, Stati Uniti, 1991.

Erman, Adolf, *Life in Ancient Egypt*, New York, 1971.

Findlen, Paula, ed. *Athanasius Kircher: The Last Man Who Knew Everything.* New York, 2004.

Gadalla, Moustafa,

– *Ancient Egyptian Culture Revealed*, Stati Uniti, 2007.
– *Egyptian Cosmology: The Animated Universe – 2e édition*, Stati Uniti, 2001.
– *Egyptian Divinities: The All Who Are THE ONE*, Stati Uniti, 2001.
– *Egyptian Harmony: The Visual Music*, Stati Uniti, 2000.
– *Egyptian Mystics: Seekers of the Way*, Stati Uniti, 2003.

Gardiner, Sir Alan, *Egyptian Grammar: Being an Introduction to the Study of Hieroglyphs, 3e éd.*, Oxford, 1994.

Gefin, Laszlo, *Ideogram: History of Poetic Method*. Austin, TX, Stati Uniti, 1982.

Gelb, I.J., *A Study of Writing: The Foundation of Grammatology*, Chicago, IL, Stati Uniti, 1952.

Gilsenan, Michael, *Saint and Sufi in Modern Egypt*, Oxford, 1973.

Godwin, Joscelyn, *Athanasius Kircher: A Renaissance Man and the Quest for Lost Knowledge*, Londra, 1979.

Helfman, Elizabeth S., *Signs and Symbols Around the World*, New York, 1967.

Erodoto, *The Histories*, tr. A. de Sélincourt, New York et Harmondsworth, 1954.

Orapollo, *The Hieroglyphics of Horapollo*, tr. di George Boas, New York, 1950.

Iversen, Erik, *The Myth of Egypt & Its Hieroglyphs*, Copenaghen, 1961.

Jensen, Hans, *Sign, Symbol and Script,* Londra, 1970.

Kircher, Athanasius, *Oedipus Aegyptiacus,* 3 Volumi, Roma, 1652-4.

Maxwell-Stuart, P.G., ed. *The Occult in Early Modern Europe*, New York, Stati Uniti, 1999.

Piankoff, Alexandre,
– *The Tomb of Ramesses VI*, New York, 1954.
– *Mythological Papyri*, New York, 1957.
– *The Litany of Re*, New York, 1964.
– *The Pyramid of Unas Texts*, Princeton, NJ, Stati Uniti, 1968.
– *The Shrines of Tut-Ankh-Amon Texts*, New York, 1955.

Platone, *The Collected Dialogues of Plato including the Letters*, a cura di E. Hamilton & H. Cairns, New York, 1961.

Plotino,
– *The Enneads*, 6 Volumi, tradotto da A. H. Armstrong, Londra, 1978.
– *The Enneads*, tradotto da Stephen MacKenna, Londra, 1991.

Plutarco,
– *De Iside Et Osiride*, tr. di J. Gwyn Griffiths, Wales, UK, 1970.
– *Plutarch's Moralia, Volume V*, tr. di Frank Cole Babbitt, Londra, 1927.

Pritchard, James B., ed. *Ancient Near Eastern Texts*, Princeton, NJ, Stati Uniti, 1955.

Shafer, Byron E., ed. *Religion in Ancient Egypt*, Ithaca, NY, Stati Uniti, 1991.

Silverman, David and Torode, Brian, *The Material Word: Some Theories of Language and its Limits*, Londra, 1980.

Wilkins, John, *Mercury or the Secret and Swift Messenger*, Londra, 1641.

Wilkinson, Richard H.,
– *Reading Egyptian Art, New York, 1994.*
– *Symbol & Magic in Egyptian Art, New York, 1994.*

Numerose fonti su Internet.

Numerosi riferimenti in lingua araba.

FONTI E NOTE

I riferimenti alle fonti contenute nella precedente sezione, Bibliografia Selezionata, sono riportati solo per citare fatti, eventi e date, non per le interpretazioni che ne danno.

Quando si trova un riferimento a un libro di Moustafa Gadalla, si tenga presente che ogni testo dell'autore contiene una propria estesa bibliografia in appendice, corredata di note e fonti dettagliate.

Capitolo 1. La falsità storica della linguistica dell'(Antico) Egitto

1.1 Le modalità di scrittura per immagini e alfabetica – Gadalla [Cultura], Petrie, Gardiner [Grammatica della lingua egiziana], Silver, Wittgenstein

1.2 I caratteri pittorici universali – Helfman

1.3 Le immagini/scritture pittoriche metafisiche egiziane – Gadalla [Cultura, Harmony], Plutarco, Diodoro, Clemente, Plotino [Armstrong], Iverson

Capitolo 2. Le realtà scientifiche/metafisiche delle immagini pittoriche (geroglifici)

2.1 Immagini: la lingua della mente/della consapevolezza/del divino – Silver [Kafka], Khaldun, Gefin, Pritchard [*Stele di Shabaka*]

2.2 La validità dei tre ruoli di ogni immagine geroglifica egiziana – Orapollo, Iverson, Clemente, Silver [Wittgenstein & Kafka], Drucker, Freud, Gadalla [Divinities, Cosmologia, Mistici], Gefin, Taylor [Volume I], Godwin [Kircher], Kircher [*Oedipus Aegyptiacus*]

2.3 Il processo interpretativo delle sequenze di immagini nella consapevolezza

Capitolo 3. La rappresentazione dei pensieri con le immagini geroglifiche egizie

Capitolo 4. Le immagini geroglifiche di animali [Simbolismo animale]

Airone – Gardiner, Wilkinson [Reading & Symbol], Gadalla [Cosmologia & Divinities]

Ape – Gardiner, Wilkinson [Reading & Symbol]

Arieti – Gardiner, Wilkinson [Reading & Symbol], Gadalla [Cosmologia & Divinities]

Asino – Gardiner, Wilkinson [Reading & Symbol], Gadalla [Cosmologia & Divinities]

Avvoltoio – Gardiner, Wilkinson [Reading & Symbol], Gadalla [Cosmologia & Divinities], Iverson, Orapollo

Ba – Gardiner, Wilkinson [Reading & Symbol], Gadalla [Cosmologia]

Babbuino – Gardiner, Wilkinson [Reading & Symbol], Gadalla [Divinities]

Cani – Gardiner, Wilkinson [Reading & Symbol], Gadalla [Cosmologia, Cultura, Mistici & Divinities], Clemente

Cavallo – Gardiner, Wilkinson [Reading & Symbol], Clemente, Gadalla [Cosmologia]

Coccodrillo – Gardiner, Wilkinson [Reading & Symbol], Gadalla [Divinities & Cristianesimo], Clemente, Diodoro

Falchi – Gardiner, Wilkinson [Reading & Symbol], Clemente, Plutarco, Diodoro, Gadalla [Divinities]

Gatto – Gardiner, Wilkinson [Reading & Symbol], Gadalla [Cosmologia & Divinities]

Giraffa – Gardiner, Wilkinson [Reading & Symbol]

Ibis – Gardiner, Wilkinson [Reading & Symbol], Clemente, Plutarco, Gadalla [Harmony]

Ippopotamo – Gardiner, Wilkinson [Reading & Symbol], Plutarco, Gadalla [Divinities]

Leone e leonessa – Gardiner, Wilkinson [Reading & Symbol], Clemente, Gadalla [Cosmologia & Divinities]

Lepre – Gardiner, Wilkinson [Reading & Symbol]

Maiale – Gardiner, Wilkinson [Reading & Symbol]

Oca – Gardiner, Wilkinson [Reading & Symbol], Gadalla [Divinities], Orapollo, Iverson

Pesce – Gardiner, Wilkinson [Reading & Symbol], Gadalla [Cultura], Clemente, Plutarco

Piuma – Gardiner, Wilkinson [Reading & Symbol], Gadalla [Divinities]

Pulcino – Gardiner, Wilkinson [Reading & Symbol]

Rana – Gardiner, Wilkinson [Reading & Symbol], Gadalla [Cosmologia & Divinities]

Scarabeo – Gardiner, Wilkinson [Reading & Symbol], Orapollo, Gadalla [Cosmologia & Divinities]

Serpenti – Gardiner, Wilkinson [Reading & Symbol], Gadalla [Cosmologia & Divinities]

Tori – Gardiner, Wilkinson [Reading & Symbol], Gadalla [Cosmologia & Divinities], Clemente, Diodoro, Orapollo

Uccelli – Gardiner, Wilkinson [Reading & Symbol], Gadalla [Cultura]

Uovo – Gardiner, Wilkinson [Reading & Symbol], Gadalla [Divinities]

Upupa – Gardiner, Wilkinson [Reading & Symbol], Gadalla [Cosmologia]

Vacche – Gardiner, Wilkinson [Reading & Symbol], Gadalla [Cosmologia & Divinities]

Capitolo 5. Le immagini geroglifiche degli esseri umani e degli esseri umani con la testa di animale

5.1 Significato metafisico delle immagini umane – Gadalla [Cosmologia, Harmony & Divinities]

5.2 Significato metafisico delle immagini dalla testa di animale – Gadalla [Cosmologia & Divinities]

5.3 Esempi di immagini geroglifiche egiziane associate – Drucker, Gadalla [Cosmologia & Divinities]

    Bambino – Curiosità – Gardiner, Wilkinson [Reading & Symbol], Clemente, Gadalla [Divinities]

    Braccia legate – Gardiner, Wilkinson [Reading & Symbol]

    Donna e bambino – Gardiner, Wilkinson [Reading & Symbol], Gadalla [Cosmologia]

    Pastore – Gardiner, Wilkinson [Reading & Symbol], Gadalla [Cosmologia & Divinities]

    Seduto senza sedile – Gardiner, Wilkinson [Reading & Symbol], Gadalla [Cosmologia]

    Seduto su un sedile – Wilkinson [Reading & Symbol], Gadalla [Cosmologia]

    Uomo anziano con bastone – Gardiner, Wilkinson [Reading & Symbol], Plutarco, Clemente

    Uomo con bastone – Wilkinson [Reading & Symbol]

Capitolo 6. Le immagini geroglifiche di parti del corpo umano

6.1 Il significato metafisico delle immagini di parti del corpo umano – Gadalla [Cosmologia & Harmony]

6.2 Esempi di immagini geroglifiche egiziane associate – Drucker, Gadalla [Cosmologia & Harmony]

Bocca – Gardiner, Wilkinson [Reading & Symbol], Gadalla [Cosmologia, Divinities & Harmony]

Braccia [inclusi Ka e cubito] – Gardiner, Wilkinson [Reading & Symbol], Gadalla [Cosmologia & Harmony]

Cuore – Gardiner, Wilkinson [Reading & Symbol], Gadalla [Cosmologia]

Fallo – Gardiner, Wilkinson [Reading & Symbol], Gadalla [Cosmologia]

Gambe – Gardiner, Wilkinson [Reading & Symbol]

Genitali femminili – Gardiner, Wilkinson [Reading & Symbol], Gadalla [Cosmologia & Divinities]

Mano e dita – Gardiner, Wilkinson [Reading & Symbol], Budge [Amulettes], Gadalla [Cosmologia], Diodoro, Sorell

Occhio e le sue parti – Gardiner, Wilkinson [Reading & Symbol], Diodoro, Gadalla [Cosmologia & Harmony]

Orecchie – Gardiner, Wilkinson [Reading & Symbol], Gadalla [Cosmologia]

Testa – Gardiner, Wilkinson [Reading & Symbol], Gadalla [Cosmologia]

Capitolo 7. Le immagini geroglifiche della natura e delle figure geometriche

7.1 Esempi di immagini geroglifiche egiziane associate – Drucker, Gadalla [Cosmologia & Harmony]

Alberi – Gardiner, Wilkinson [Reading & Symbol], Plutarco, *Book of Dead*, Kastor, Gadalla [Cosmologia, Mistici & Divinities]

Boccioli – Gardiner, Wilkinson [Reading & Symbol], Gadalla [Cosmologia & Divinities]

Cerchio e sue parti [completo – metà superiore – Neb] –

Gardiner, Wilkinson [Reading & Symbol], Gadalla [Cosmologia, Divinities, Mistici & Harmony]

Cielo/firmamento – Gardiner, Wilkinson [Reading & Symbol], Gadalla [Cosmologia & Divinities]

Sole e luna [Principi solari e lunari] — Diodoro, Gadalla [Cosmologia & Divinities]

Spirale – Gardiner, Wilkinson [Reading & Symbol], Gadalla [Cosmologia & Harmony]

Stella – Gardiner, Wilkinson [Reading & Symbol], Orapollo, Gadalla [Cosmologia & Harmony]

Surficie dell'acqua [1 o 3] – Gardiner, Wilkinson [Reading & Symbol], Gadalla [Mistici]

Triangoli – Gardiner, Wilkinson [Reading & Symbol], Plutarco, Gadalla [Cosmologia & Harmony]

Capitolo 8. Le immagini geroglifiche di oggetti creati dall'uomo

8.1 Significato metafisico delle immagini di oggetti creati dall'uomo – Gadalla [Cosmologia & Harmony], Gefin

8.2 Esempi di immagini geroglifiche egiziane associate – Drucker, Gadalla [Cosmologia & Harmony]

Ankh – Gardiner, Wilkinson [Reading & Symbol], Gadalla [Cosmologia]

Arca – Gardiner, Wilkinson [Reading & Symbol], Gadalla [Mistici]

Ascia – Gardiner, Wilkinson [Reading & Symbol], Gadalla [Cosmologia]

Attrezzi agricoli – Gardiner, Wilkinson [Reading & Symbol], Gadalla [Cosmologia]

Bastone – Gardiner, Wilkinson [Reading & Symbol], Gadalla [Cosmologia]

Coltello – Gardiner, Wilkinson [Reading & Symbol], Gadalla [Cosmologia]

Corde ritorte – Gardiner, Wilkinson [Reading & Symbol], Gadalla [Cosmologia]

Corone – Gardiner, Wilkinson [Reading & Symbol], Gadalla [Cosmologia]

Fare nodi – Gardiner, Wilkinson [Reading & Symbol], Gadalla [Cosmologia]

Flagello – Gardiner, Wilkinson [Reading & Symbol], Gadalla [Cosmologia]

Letto – Gardiner, Wilkinson [Reading & Symbol], Gadalla [Cosmologia]

Pigiatura del vino – Gardiner, Wilkinson [Reading & Symbol], Gadalla [Cosmologia, Cristianesimo]

Pilastro Djed – Gardiner, Wilkinson [Reading & Symbol], Gadalla [Cosmologia]

Scala – Gardiner, Wilkinson [Reading & Symbol], Gadalla [Cosmologia]

Scettro – Gardiner, Wilkinson [Reading & Symbol], Gadalla [Cosmologia]

Scettro uas – Gardiner, Wilkinson [Reading & Symbol], Gadalla [Cosmologia]

Seggio – Gardiner, Wilkinson [Reading & Symbol], Gadalla [Cosmologia, Divinities]